W0177479

Kazemi

Marken eintragen und recherchieren

AnwaltsPraxis

Marken eintragen
und recherchieren

Von

Dr. Robert Kazemi
Rechtsanwalt, Bonn

DeutscherAnwaltVerlag

Zitiervorschlag:
Kazemi, Marken eintragen und recherchieren, § 1 Rn 1

Copyright 2010 by Deutscher Anwaltverlag, Bonn
Satz: Griebsch & Rochol Druck GmbH, Hamm
Druck: Medienhaus Plump, Rheinbreitbach
Umschlaggestaltung: gentura, Holger Neumann, Bochum
ISBN 978-3-8240-1110-0

Bibliografische Information der Deutschen Nationalbibliothek
Die Deutsche Nationalbibliothek verzeichnet diese Publikation in der Deutschen
Nationalbibliografie; detaillierte bibliografische Daten sind im Internet über
http://dnb.d-nb.de abrufbar.

Vorwort

Seit jeher helfen Marken den Verbrauchern bei der Orientierung im Labyrinth der Produkt- und Dienstleistungsvielfalt und diese Orientierung ist gerade heute, in sich immer schneller wandelnden Märkten, von besonderer Bedeutung. Marken stehen für Qualität, Innovation und Tradition. Sie sind Signale, sie wecken Emotionen, sie beeinflussen Kaufentscheidungen. Starke Marken sichern Wachstum und Erfolg im Markt. Die Verwendung von Kennzeichen hat dementsprechend in den vergangenen Jahren branchenübergreifend erheblich an Bedeutung gewonnen. Allein das Deutsche Patent- und Markenamt (DPMA) verwaltet aktuell ca. 780.000 Markeneintragungen von der klassischen Wortmarke über die Bildmarke bis hin zu neuen Markenformen wie der Hör- oder der Hologrammmarke.

Die Gemeinschaftsmarke, die vom Harmonisierungsamt für den Binnenmarkt (HABM) verwaltet wird, war zum ersten Mal 1996 erhältlich, bereits dreizehn Jahre danach verwaltet das HABM über 500.000 Gemeinschaftsmarken. Die Anzahl der internationalen Markeneintragungen im von der World Intellecutal Property Organisation (WIPO) verwalteten internationalen Markenregister erreichte im Jahr 2009 einen Rekord von einer Million. Die – auch internationale – Relevanz von markengeschäftlichem Verkehr verdeutlicht folgendes Bild: Nachdem es nach der ersten internationalen Markeneintragung durch die Schweizer Schokoladenhersteller Groß-Suchert im Jahre 1893 ganze 93 Jahre gebraucht hat, bis die 500.000ste internationale Marke bei der WIPO registriert wurde, überstieg die Anzahl der international registrierten Marken bereits fünfzehn Jahre später, Ende 2001, die Grenze von 750.000 registrierten und verwalteten Marken. Bereits fünf Jahre später konnte die WIPO die 900.000ste internationale Markeneintragung verkünden.[1]

Gerade deutsche Unternehmer zeigen sich dabei im internationalen, wie europäischen Vergleich als besonders aktiv. Während die Zahl der Gemeinschaftsmarkenanmeldungen im letzten Quartal 2008 – in dem die weltweite Finanzkrise zum ersten Mal in voller Härte zu spüren war – dramatisch zurückging, betrug der Rückgang im Vergleich zum 4. Quartal des Jahres 2007 bei den Gemeinschaftsmarken-

---

[1] Pressemitteilung der WIPO vom 11.05.2009 Nr. PR/2009/589, abrufbar unter: http://www.wipo.int/pressroom/en/articles/2009/article_0011.html.

5

anmeldungen aus Deutschland lediglich 2 %.[2] Es verwundert deshalb nicht, dass das Kennzeichenrecht längst aus dem Schatten der technischen Schutzrechte herausgetreten ist. Seine ökonomische Relevanz steht der Bedeutung von Patenten und technischem Know-how nicht mehr nach. Die Beratung in markenrechtlichen Angelegenheiten bzw. die Eintragung von deutschen, europäischen und/oder internationalen Marken erlangt dementsprechend aus anwaltlicher Sicht – auch für den nicht vornehmlich im Bereich des gewerblichen Rechtschutzes tätigen Kollegen – erhebliche Bedeutung. Nicht nur große Unternehmen, sondern auch kleine und mittelständische Unternehmer, wie auch Privatpersonen und Freiberufler, die nahezu in jedem Mandantenstamm zu finden sind, suchen danach für die von ihnen angebotenen Waren und/oder Dienstleistungen markenrechtlichen Schutz zu erlangen. Nur die wenigsten Unternehmen, insbesondere des Mittelstandes, verfügen dabei über eigene Ressourcen bzw. unternehmensinternes Know-how. Der anwaltliche Berater wird somit in zunehmendem Maße mit Fragen rund um die Registrierung von Kennzeichenrechten konfrontiert. Markenbildung, Markeneintragung und Markenrecherche sind dementsprechend auch in der nicht auf die Vertretung im Markenrecht spezialisierten Rechtsanwaltskanzlei zunehmend von Bedeutung.

Dabei erscheint es zunächst verlockend und auch lukrativ, für den Mandanten eine (vordergründig) einfache Markenanmeldung durchzuführen und das eigene Beratungsportfolio damit den geänderten Mandantenwünschen anzupassen. Kollegen, die sich nicht täglich mit Fragen der Registrierung nationaler wie internationaler Marken beschäftigen, werden dann jedoch schnell merken, dass insbesondere die Markenrecherche, wie auch die Beurteilung der Markenfähigkeit einzelner Kennzeichen besonders zeitintensiv sein können. Da gerade das Kennzeichenrecht nicht Gegenstand der Ausbildung von Rechtsanwaltsfachangestellten ist, kann auch von Seiten der Mitarbeiter hier kaum mit Entlastung gerechnet werden. Selbst geprüfte Rechtsfachwirte werden im Rahmen ihrer Ausbildung nicht mit Fragen des Kennzeichenrechtes, insbesondere nicht mit solchen der Markeneintragung und -registrierung konfrontiert.

Beschäftigt sich der Anwalt dementsprechend selbst mit der im Rahmen der Markeneintragung notwendigen Recherchearbeit, kann das auf den ersten Blick lukra-

---

2 Rückgang der Gemeinschaftsmarkenanmeldungen aus den Vereinigten Staaten um 21 %, aus dem Vereinigten Königreich (dem drittgrößten Nutzer von Gemeinschaftsmarken) um fast 17 %, aus Spanien (dem fünftgrößten Nutzer) um 14 % und aus Frankreich (dem sechstgrößten Nutzer) um 8 %. Vgl. HABM-Pressemitteilung – 500.000 Gemeinschaftsmarken, 18.2.2009, abrufbar unter: http://oami.europa.eu/ows/rw/ressource/documents/ohim/news/newsIwtem/pressereleasemilan_de.pdf.

tive Eintragungsverfahren schnell zum finanziellen Desaster werden. Wie gehe ich bei der Suche nach den einer Markeneintragung vermeintlich entgegenstehenden Kennzeichenrechten Dritter am besten vor? Woran beurteilt sich die sonstige Kennzeichenrechtsfähigkeit einer Marke? Welche Rechte können einem geplanten Produktnamen oder sonstigen Kennzeichen entgegenstehen? Wie wähle ich die relevanten Waren- und Dienstleistungsklassen aus, wie sollten diese am besten beschrieben werden, um Beanstandungen des jeweiligen Markenamtes von vorneherein auszuschließen?

Anders als die am Markt erhältlichen zahlreichen Werke zum Marken- und Kennzeichenrecht, soll Ihnen dieses kurze Werk einen schnellen und gezielten Überblick über die Markeneintragung und die Markenrecherche vermitteln. Das Werk richtet sich dementsprechend nicht nur an Sie als Kollegen, sondern auch an Ihre Mitarbeiter, die sich in die Markenrecherche einarbeiten wollen. Mit dem im Rahmen des Buches vermittelten Know-how erwerben auch diese wichtige zusätzliche Kompetenzen. Ihre Mitarbeiter können Sie so im Rahmen der Markenanmeldung gezielt unterstützen.

Abschließend sei ein herzlicher Dank an eben diese, meine Mitarbeiter, ausgesprochen, die bei der Endredaktion dieses Werkes wertvolle Unterstützung geleistet haben. Allen voran meinen Mitarbeiterinnen Frau *Dluwan Mousa* und Frau *Jana Mainzer*.

Nicht zuletzt gilt mein größter Dank meiner Freundin *Carolin Lingenberg*, die wegen der Arbeiten an diesem Werk allzu oft auf mich verzichten musste.

Dr. Robert Kazemi, Bonn

Inhaltsverzeichnis

11

Literaturverzeichnis

Kommentare, Handbücher, Monographien

Ahlert/Kenning/Schneider, Markenmanagement im Handel, 1. Auflage 2000
Baronikians, Der Schutz des Werktitels, 1. Auflage 2007
Berlit, Das neue Markenrecht, 7. Auflage, 2008
Ekey, in: Ekey/Klippel/Bender (Hrsg), Markenrecht 1: Markengesetz und Markenrecht ausgewählter ausländischer Staaten, 2. Auflage 2009
Fezer, Handbuch der Markenpraxis, Band 2: Markenvertragsrecht, 1. Auflage 2007
Fezer (Hrsg), Markenrecht, 4. Auflage, 2009
Hackbarth, Grundfragen des Benutzungszwangs im Gemeinschaftsmarkenrecht, 1993
Havenstein, Ingredient Branding: Die Wirkung der Markierung von Produktbestandteilen bei konsumtiven Gebrauchsgütern, 1. Auflage 2004
Ingerl/Rohnke, Markengesetz, 2. Auflage 2003
Kazemi, Die Registrierfähigkeit der Gesellschaft bürgerlichen Rechts, dargestellt am Beispiel der Marken und Grundbuchfähigkeit, 2008
Kirschneck, in: Ströbele/Hacker, Markengesetz, 9. Auflage 2009
Kössinger, in: Bamberger/Roth (Hrsg), Beckscher Onlinekommentar BGB, Edition 16, 2010
Lange, Marken- und Kennzeichenrecht, 1. Auflage 2006
Richter/Stoppel, Die Ähnlichkeit von Waren und Dienstleistungen, 14. Auflage 2008
Schalk, in: Büscher/Dittmer/Schiwy (Hrsg), Gewerblicher Rechtsschutz, Urheberrecht, Medienrecht, 1. Auflage 2008
Schenk, in: Bruhn (Hrsg), Handbuch Markenführung, 2. Auflage 2004
Ströbele/Hacker (Hrsg), Markengesetz, 9. Auflage 2009
Trautmann/Kornelia, Die Eventmarke: Markenschutz von Sponsoring und Merchandising, 1. Auflage 2008
Ulmer, Warenzeichen und unlauterer Wettbewerb, 1929

Aufsätze

Becher, Der Schutz der berühmten Marke, GRUR 1951, 488
Becker, Kennzeichenschutz der Hörmarke, WRP 2000, 56
Bergmann, Rechtserhaltende Benutzung von Marken, MarkenR 2009, 1

13

Bingener, Das Wesen der Positionsmarke oder Wo die Positionsmarke hingehört, MarkenR 2004, 377

Fezer, Olfaktorische, gustatorische und haptische Marken, WRP 1999, 575

Fezer, in: Festschrift für Boujong, Die Markenrechtsfähigkeit der Gesellschaft bürgerlichen Rechts, 1996, 123

Fezer, in: Festschrift von Mühlendahl, Die grafische Darstellbarkeit eines Markenformats, 2005, 43

Fezer, in: Festschrift für Ulmer, Die Gesellschaft bürgerlichen Rechts als Inhaberin von Kenzeichenrechten, 2003, 119

Fuchs-Wissemann, Eventmarke – Eintragungsvoraussetzungen und sonstiger Kennzeichenschutz, Markenrecht 2007, 372

Gaedertz, Die Eventmarke in der neueren Rechtsprechung, WRP 2006, 526

Gaedertz/Steinbeck, Diskriminierende und obszöne Werbung, WRP 1996, 978

Heermann, Kennzeichenschutz von sportlichen Großveranstaltungen im deutschen und europäischen Recht, ZeuP 2007,535

Heil/Ströbele, Die Einführung der Dienstleistungsmarke, GRUR 1979, 127

Hölk, in: Festschrift für Ullmann, Hör-, Geruchs- und Fühlmarken – Eintragungsvoraussetzungen, 2006, 239

Kazemi/Leopold, Die Internetdomain im Schutzbereich des Art. 14 Abs. 1 GG, MMR 2004, 287

Kazemi/Leopold, Anmerkung zum Beschluss des BVerfG vom 24.11.2004, MMR, 2005, 165

Kur, Neue Perspektiven für die Lösung von Domainnamen-Konflikten: Der WIPO-Interim Report, GRUR Int. 1999, 330

Ohly, Designschutz im Spannungsfeld von Geschmacksmuster-, Kennzeichen- und Lauterkeitsrecht, GRUR 2007, 731

Sambuc, Designschutz mit Markenrecht?, GRUR 2009, 333

Sosnitza, Anmerkung zu BGH, GRUR 2008, 621 – AKADEMIKS, jurisPR-WettbR 5/2008, Anm. 3

Sosnitza, Anmerkung zu BPatG, GRUR 2005, 770 – Tastmarke, jurisPR-WettbR 1/2005, Anm. 3

Sosnitza, Fake-Werbung, GRUR 2010, 106

Sosnitza, Die Konterfeimarke zwischen Kennzeichen- und Persönlichkeitsschutz, FS für Eike Ulllmann, 2006, 387 ff.

Ströbele, Absolute Eintragungshindernisse im Markenrecht, GRUR 2001, 658

Thun, Zur Markenrechtsfähigkeit der Gesellschaft bürgerlichen Rechts, GRUR 1999, 862

§ 1 Rechtsquellen

A. Die Markenverordnung (MarkenV)

Neben dem MarkenG, als den Rechtsschutz von Kennzeichen (§ 1 MarkenG) maß- **1**
geblich regelndes Gesetz, existieren für die Eintragung von Marken in der Bundesrepublik eine Reihe weiterer Rechtsquellen. Die neben dem MarkenG mit Blick
auf die Eintragung von Marken wesentlichste weitere Quelle ist die so genannte
Markenverordnung (MarkenV). Die MarkenV regelt das Verfahren in Markenangelegenheiten und ist auf Rechtsgrundlage der Verordnungsermächtigung des § 65
MarkenG erlassen worden. Die MarkenV gliedert sich dabei in insgesamt sieben
Teile, wobei Teil 2 den Kernbestand der Bestimmungen enthält, da er das Verfahren in Markenangelegenheiten bis zur Eintragung regelt (§§ 2–23 MarkenV).

Abschnitt 1 der MarkenV enthält Bestimmungen über die Anmeldung, wie nament- **2**
lich die Form und den Inhalt der Anmeldung, aber auch Vorschriften über die
(nicht abschließend geregelten) Markenformen sowie die Bestimmung über die
Klasseneinteilung von Waren und Dienstleistungen.

Teil 3 der MarkenV enthält Bestimmungen über das Register, die Urkunde, über
die Eintragung und Bescheinigungen sowie zum Inhalt der Veröffentlichungen der
Eintragungen.

Teil 4 regelt neben dem Widerspruchsverfahren auch die Übertragung oder Löschung von Marken ergänzend den Bestimmungen des MarkenG. Im Anhang der
MarkenV ist als Anlage 1 die Klasseneinteilung von Waren und Dienstleistungen
als Anlage zu § 19 Abs. 1 MarkenV veröffentlicht, diese ist identisch mit der jeweils aktuellen Nizzaklassifikation.

B. Richtlinien zu den Verfahren in Markenangelegenheiten

Neben dem MarkenG und der MarkenV gelten verschiedene Richtlinien für das **3**
Verfahren in Markenangelegenheiten, beispielsweise die Richtlinie für die Prüfung
von Markenanmeldungen (Richtlinie Markenanmeldung) vom 13. Juni 2005,
BlPMZ 2005, 245,[1] die Richtlinie für das markenrechtliche Widerspruchsverfahren
(Richtlinie Widerspruchsverfahren) vom 17. November 1997, BlPMZ 1998, 1[2] und

---

1 BlPMZ 2005, 245.
2 BlPMZ 1998, 1.

die Richtlinie für die Umschreibung von Schutzrechten und Schutzrechtsanmeldungen (Umschreibungsrichtlinie) vom 15. November 1996, BlPMZ 1996, 426.[3] In den Verfahren in Markenangelegenheiten gelten zudem die Bestimmungen der Verordnung über das deutsche Patent- und Markenamt (DPMA-Verordnung). Sie enthält jedoch im Wesentlichen Vorschriften über die Organisation des DPMA und ist aus Sicht des Markenanmelders eher von untergeordneter Bedeutung.

C. Die Gemeinschaftsmarkenverordnung (GMV)

4   Zur Überwindung der territorialen Beschränkungen des nationalen Markenschutzes wurde bereits 1994 auf europäischer Ebene die so genannte Gemeinschaftsmarke geschaffen.[4] Die Gemeinschaftsmarke begründet ein auf das gesamte Gebiet der Europäischen Union erstrecktes und einheitlich unmittelbar in allen Mitgliedstaaten geltendes Gemeinschaftskennzeichenrecht.

5   Die GMV besteht aus insgesamt vierzehn Titeln und regelt – ähnlich der MarkenV – das Verfahren der Anmeldung einer Gemeinschaftsmarke. Neben Bestimmungen über die Markenrechtsfähigkeit (Titel I) finden sich hier auch materiell-rechtliche Vorschriften über die Voraussetzungen, die Wirkung und die Benutzung von Gemeinschaftsmarken (Titel II) sowie nähere Bestimmungen über das Anmelde-, das Widerspruchs- und das Eintragungsverfahren (Titel III und IV). Die GMV bildet damit quasi das Pendant zum MarkenG auf europäischer Ebene. Anders als im deutschen Markenrecht anerkennt die GMV jedoch nur die Registermarke, so dass durch reine Benutzungshandlungen eine Gemeinschaftsmarke (Community Trademark – CTM) nicht entstehen kann.

6   Aufgrund der Gemeinschaftsmarkendurchführungsverordnung (GMFV) werden europäische Marken beim Harmonisierungsamt für den Binnenmarkt (HABM) in Alicante (Spanien) mit Rechtswirkung für das gesamte Territorium der europäischen Gemeinschaft angemeldet.

---

3 BlPMZ 1996, 426.
4 Verordnung (EG) Nr. 40/94 des Rates vom 20.12.1993 über die Gemeinschaftsmarke (GMV) vom 14.01.1994.

§ 2 Erscheinungsformen von Marken und ihre begriffliche Bedeutung

Das Markengesetz definiert die als Marke schutzfähigen Zeichen in § 3 Abs. 1   1
MarkenG. Dort heißt es, als Marke können alle Zeichen geschützt werden, die geeignet sind, Waren oder Dienstleistungen eines Unternehmens von denjenigen anderer Unternehmen zu unterscheiden. Neben dieser gesetzlichen Typologie, auf die
später noch einzugehen sein wird, sieht sich der mit Marken befasste Anwalt mit
einer Vielzahl gesetzlich nicht legal definierter Erscheinungsformen von Marken
konfrontiert, deren begriffliche Erfassung im Umgang mit Mandanten von entscheidender Bedeutung ist. Kompetenz als Berater in Markenangelegenheiten wird
dem Mandanten nur vermitteln können, wer mit den Begrifflichkeiten des Marke-
tings und der Absatzwirtschaft vertraut ist, denn letztendlich dienen Marken genau
diesen Zwecken. Nachfolgend sollen daher einige wichtige Begriffe[1] glossarartig
dargestellt und erläutert werden:

A. Begleitende Marken

„Intel Inside", wir alle kennen wohl diesen (als Marke geschützten) Werbeslogan,   2
ziert er doch eine Vielzahl von Computern ganz verschiedener Hersteller. Letztere
suchen mit Anbringung des Slogans jedoch nicht danach, dem Endabnehmer die
Ursprungsidentität der gekennzeichneten Waren (hier also des Computers) zu garantieren und ihm zu ermöglichen, diese Ware ohne Verwechslungsgefahr von Waren anderer Herkunft zu unterscheiden, sondern danach, den Endabnehmer über
den im Fertigprodukt (Computer) verwendeten Werkstoff (Chipsatz) und dessen
Hersteller (Fa. Intel Inc.) zu informieren. Die Marke des Computerherstellers wird
damit von der Marke des Chipsatzproduzenten „begleitet". Die vorskizzierte Markierung (Branding) von Bestandteilen (Ingredient) eines „Fertigproduktes" wird
gemeinhin als sog. *„Ingredient Branding"*[2] bezeichnet; die auf das Produkt „ge-
brannten" Marken nennt man „begleitende Marken".

Bereits unter Geltung des Warenzeichengesetzes (WZG) waren begleitende Mar-   3
ken in Deutschland weit verbreitet. Neben der Computerindustrie, kommen beglei-

---

1   Weitergehende Begriffserläuterungen finden Sie beispielsweise im Internet unter: http://www.mar-
    kenlexikon.com/markenglossar.html;   ebenfalls   zu   empfehlen: http://www.marke.at/content/
    knowledgebase/glossary/index.asp.
2   Allgemein hierzu: *Havenstein*, Ingredient Branding, 2004.

tende Marken vor allem in der Bekleidungs- und Textilindustrie[3] (bspw. „Gore-Tex" oder „Alcantara"[4]) zum Einsatz. Da die begleitende Marke den Werkstoff bzw. das Vor- oder Zwischenprodukt kennzeichnet, dieses aber seiner Funktion nach dazu bestimmt ist, in einem bestimmten oder bestimmbaren Fertigprodukt eingesetzt zu werden, ohne dass der Werkstoff das Fertigprodukt maßgeblich „kennzeichnet", waren Anmelder begleitender Marken unter Geltung des WZG wegen des in aller Regel fehlenden Geschäftsbetriebes zur Herstellung des Fertigproduktes, auf eine Markeneintragung allein für das Vor- oder Zwischenprodukt beschränkt. Eine Schutzerweiterung – auch auf das Fertigprodukt – wurde allgemein als unzulässig angesehen.

4 Dies hat sich nach der Rechtslage im MarkenG maßgeblich geändert, da die Eintragung einer Marke nicht mehr an das Vorliegen eines entsprechenden Geschäftsbetriebes geknüpft ist. Kommt dementsprechend die Eintragung einer begleitenden Marke in Betracht, wird es in aller Regel sinnvoll sein, die Markeneintragung über die Warenklasse des Vor- bzw. Zwischenproduktes hinaus, auch für die Waren- und Dienstleistungsklassen möglicher Fertigprodukte zur Eintragung zu bringen. Jedenfalls innerhalb der fünfjährigen Benutzungsschonfrist (§ 25 Abs. 1 MarkenG) besteht dann Markenschutz unabhängig davon, ob der Markeninhaber die begleitende Marke für Fertigprodukte benutzt oder nicht.

5 Außerhalb des Anwendungsbereiches des § 23 MarkenG (**beschreibender Gebrauch der Marke**) ist es Dritten dann untersagt, die begleitende Marke ohne Zustimmung des Markeninhabers zu verwenden, was vor allem mit Blick auf Qualitätssicherungsgesichtspunkte und das Markenimage von Bedeutung sein kann.

6 Doch selbst wenn eine begleitende Marke nur für das Vor- bzw. Zwischenprodukt markenrechtlichen Schutz beansprucht, können begleitende Marken im Rahmen der **markenrechtlichen Kollisionsprüfung**[5] zu berücksichtigen sein, denn zwischen der begleitenden Marke und dem Fertigprodukt kann im Einzelfall unter dem Gesichtspunkt sog. (mittelbarer) Gleichartigkeit Warenidentität[6] bestehen, wenn nach der Verkehrsanschauung das Vorprodukt maßgeblich die Eigenschaften und die Wertschätzung des Fertigprodukts bestimmt. Eine solche Warenidentität wurde beispielsweise angenommen zwischen synthetischem Kautschuk als Rohstoff und Stangen, Drähten, Schienen, Rohren und Profilen zur Abdeckung von

---

3   Vgl. BGHZ 52, 337, 348 – Dolan; BGH, GRUR 1973, 316 – Smarty; BGH, GRUR 1993, 912 – BINA.
4   OLG München, GRUR 1983, 322, 326 – Alcantara.
5   Siehe hierzu § 4 A.V.
6   Zum Begriff der Waren- bzw. Dienstleistungsidentität siehe § 4 A.V. 2.

Bauwerks- und Straßenfugen[7] oder zwischen Strickwolle und gestrickten Bekleidungsstücken.[8]

B.   Dachmarken

Von einer sog. Dachmarke spricht man, wenn verschiedene Leistungen eines Unternehmens unter einer einheitlichen Marke angeboten werden sollen, beispielsweise um hierdurch Einsparungseffekte zu erzielen, die daraus herrühren, dass nicht für jedes Produkt und jede Dienstleistung eines Unternehmens eine eigene Monopolmarke im Markt etabliert werden muss. Markennamen wie Pfanni, IKEA, NIVEA, Milka, KINDER, MAGGI,[9] Lotto,[10] Langnese oder Iglo fallen unter die Kategorie der Dachmarke. Die Etablierung von Dachmarken ist jedoch auch im Mittelstand durchaus üblich und immer beliebter, um damit alle Produkte des Unternehmens unter einem Dach zu vermarkten. Bei der Eintragung von Dachmarken wird der Anmelder daher in der Regel kaum mit den im Rahmen der einfachen Anmeldegebühr inkludierten drei Waren- bzw. Dienstleistungsklassen auskommen, sondern seine Marke für eine Vielzahl unterschiedlicher Klassen schützen wollen. Hier gilt es daher noch mehr als bei der „einfachen" Markeneintragung mit dem Mandanten zu erörtern, welche Tätigkeiten er unter der Dachmarke in Zukunft entfalten möchte.

7

C.   Event- oder Ereignismarken

„Event- oder Ereignismarken" erlangten erstmals im Vorfeld der Fußball WM 2006 bundesweite Beachtung. Der Fußballweltverband FIFA hatte bereits im Jahre 2001 die Wortmarke „FUSSBALL WM 2006" für über 850 Waren und Dienstleistungen anmelden lassen. Die FIFA beanspruchte dabei angefangen bei „Sportveranstaltungen" bis hin zur „Arbeitsvermittlung und Ausbildung" Schutz für nahezu alle denkbaren Waren und Dienstleistungen.[11] Eine Event- oder Ereignismarke sucht also danach (Groß-)veranstaltungen sportlicher und kultureller Natur eine

8

---

7   BPatGE 23, 217 – Difex.
8   BGH, GRUR 1973, 316, 317 – Smarty.
9   Unter der Marke „Maggi" sollen zwischenzeitlich bis zu 1000 verschiedene Produkte vermarktet worden sein.
10 Die Marke „Lotto" wurde vom Deutschen Toto- und Lottobund eingetragen und zwischenzeitlich zum größten Teil wieder gelöscht, hier lag die Besonderheit darin, dass sich verschiedene Unternehmen, nämlich die 16 Landeslotteriegesellschaften, die Marke „teilten", um ihre Glücksspieldienstleistungen unter einem Dach zu vermarkten. Ähnlich für die Marke „ODDSET".
11 BGH, GRUR 2006, 850 – FUSSBALL WM 2006.

weit reichende professionelle Vermarktung zu sichern, indem für die Veranstaltung selbst Markenschutz beansprucht wird.[12] Die FIFA führte in diesem Zusammenhang aus, die "Eventmarke" diene dazu,

> *„die mit dieser versehenen Waren oder Dienstleistungen der Sponsoren einer Sportveranstaltung als Produkte des sogenannten Merchandising identifizieren und von Produkten der Nichtsponsoren unterscheiden. Die Benutzung der "Eventmarke" durch einen Sponsor garantiere zwar nicht die Herkunft der mit ihr gekennzeichneten Waren oder Dienstleistungen als solche. Ihre Benutzung identifiziere und kommuniziere aber die Leistung durch die Sponsoren auf dem Markt. Der Veranstalter, der den Sponsoren die Verwendung seiner Marke für deren Produkte oder Dienstleistungen erlaube, stehe für ein bestimmtes Qualitätsniveau ein und stelle sicher, dass bestimmte Produkte oder Dienstleistungen nicht mit der Veranstaltung in Verbindung gebracht werden könnten."[13]*

9   Auch wenn der BGH die begriffliche Kategorisierung entsprechender Kennzeichnungen als Ereignismarken oder Eventmarken als *„bedeutungslos"*[14] eingestuft hat, haben sich diese Begriffe mittlerweile in der juristischen Auseinandersetzung verfestigt und sollen daher auch im Rahmen dieses Werkes nicht unberücksichtigt bleiben.

10   Denn, dies betont der BGH ebenso deutlich, auch Event- oder Ereignismarken kann die abstrakte Markenfähigkeit nicht von vornherein abgesprochen werden. Auch derartige Marken können jedoch nur dann als Marke eingetragen werden, wenn sie die Eintragungsvoraussetzungen erfüllen, also insbesondere (auch) über hinreichende Unterscheidungskraft verfügen. Die bei der Beurteilung des Schutzhindernisses der fehlenden Unterscheidungskraft maßgeblich zu berücksichtigende Hauptfunktion der Marke, dem Verbraucher oder Endabnehmer die Ursprungsidentität der durch die Marke gekennzeichneten Ware oder Dienstleistung zu garantieren, indem sie ihm ermöglicht, diese Ware oder Dienstleistung ohne Verwechslungsgefahr von Waren oder Dienstleistungen anderer Herkunft zu unterscheiden, bedeutet zugleich, dass die Marke die Gewähr bieten muss, dass alle Waren oder

---

12   Zu den sich aus markenrechtlicher Sicht ergebenden Problemen: BGH, Urt. v. 12.11.2009, I ZR 183/07 – WM-Marken, mit Anm. *Kazemi*, abrufbar unter: http://medi-ip.de/bgh-auch-zur-fussball-wm-2010-gibt-es-hanuta-und-duplo-sammelbildchen-fifa-unterliegt-markenstreit-m; BPatG, Beschl. v. 28.5.2008, 29 W (pat) 21/08 – Österreich-Schweiz 2008; BPatG, Beschl. v. 28.5.2008, 29 W (pat) 20/08 – Deutschland 2006; BPatG, Beschl. v. 28.5.2008, 29 W (pat) 45/08 – Südafrika 2010; *Trautmann*, Die Eventmarke, 2008; *Heermann*, ZeuP 2007, 535; *Fuchs-Wissemann*, MarkenR 2007, 372; *Gaedertz*, WPR 2006, 526.

13   BGH, GRUR 2006, 850 – FUSSBALL WM 2006.

14   BGH, GRUR 2006, 850 – FUSSBALL WM 2006.

Dienstleistungen, die sie kennzeichnet, unter der Kontrolle eines einzigen Unternehmens hergestellt oder erbracht worden sind, das für ihre Qualität verantwortlich gemacht werden kann.[15]

Die Qualitätskontrolle kann in diesem Sinne auch dann in einer Hand liegen, wenn   **11**
der Markeninhaber im Falle einer Lizenzvergabe die Qualität der mit der Marke versehenen Erzeugnisse des Lizenznehmers beispielsweise dadurch kontrolliert, dass er in den Lizenzvertrag Bestimmungen aufnimmt, die den Lizenznehmer zur Einhaltung seiner Anweisungen verpflichten und ihm die Möglichkeit geben, deren Einhaltung sicherzustellen.[16]

Nach diesen Grundsätzen kann auch der Veranstalter eines Sportereignisses als Markeninhaber Lizenzen an Dritte (Sponsoren) vergeben und sich die Möglichkeit der Kontrolle der Qualität der von den Sponsoren mit seiner Marke gekennzeichneten Waren oder Dienstleistungen vorbehalten.

Das bedeutet, dass auch eine Eventmarke in dem Sinne auf den Veranstalter (Mar-   **12**
keninhaber) hinweisen muss, dass der Verkehr diesen für die Qualität der unter der Kennzeichnung angebotenen Ware oder Dienstleistung verantwortlich macht. Daran fehlt es, wenn der Verkehr lediglich einen beschreibenden Zusammenhang der einzelnen Waren oder Dienstleistungen mit dem benannten Ereignis herleitet oder die Bezeichnung aus sonstigen Gründen allein mit dem Ereignis als solchem in Verbindung bringt.

D. Garantiemarke

Nach der Legaldefinition des schweizerischen Bundesgesetzes über den Schutz   **13**
von Marken und Herkunftsangaben[17] (Art. 21 Schweizerische MSchG) ist die Garantiemarke „ein Zeichen, das unter der Kontrolle des Markeninhabers von verschiedenen Unternehmen gebraucht wird und dazu dient, die Beschaffenheit, die geographische Herkunft, die Art der Herstellung oder andere gemeinsame Merkmale von Waren oder Dienstleistungen dieser Unternehmen zu gewährleisten." Nach der schweizerischen Konzeption ist der Inhaber einer Garantiemarke **gezwungen**, jedermann gegen angemessenes Entgelt den Gebrauch der Marke für

---

15   BGH, GRUR 2006, 850 – FUSSBALL WM 2006; ausführlich hierzu auch *Trautmann*, Die Eventmarke, 2008, 125 ff. u. 142 ff.

16   Vgl. EuGH, Urt. v. 22.6.1994, C-9/93, Slg. 1994, I-1789 Tz. 37 = GRUR Int. 1994, 614 – Ideal Standard II.

17   Abrufbar unter: http://www.admin.ch/ch/d/sr/232_11/a21.html.

Waren oder Dienstleistungen zu gestatten, welche die nach dem Markenreglement gewährleisteten gemeinsamen Merkmale aufweisen.

14   Derartige legal definierte Garantiemarken sind weder dem deutschen, noch dem EU-Markenrecht bekannt. Denn, derartige „Marken" bezwecken regelmäßig nicht, Waren oder Dienstleistungen eines Unternehmens von denjenigen anderer Unternehmen zu unterscheiden; sie sind daher grundsätzlich keine Marken i.s.d. MarkenG oder der GMU.

15   Eine ähnliche, wenn auch nicht identische, Funktion verkörpern jedoch die in § 97 Abs. 1 MarkenG definierten sog. **Kollektivmarken** bzw. die in Art. 64 ff. GMV[18] definierten Gemeinschaftskollektivmarken. Diese dienen der Unterscheidung der Waren oder Dienstleistungen der **Mitglieder** des Markeninhabers (beispielsweise eines Verbandes) von denjenigen Produkten anderer Unternehmen. Damit ist die Kollektivmarke ein produktidentifizierendes Unterscheidungszeichen wie jede Individualmarke auch, wobei sich die Unterscheidungsfunktion der Marke nicht auf die Waren oder Dienstleistungen eines bestimmten Unternehmens sondern die Mitglieder des Inhabers der Kollektivmarke bezieht.

16   Anders als bei der schweizerischen Garantiemarke ist die Kollektivmarke daher nicht jedermann zur Verfügung zu stellen und besteht ein Recht, die Kollektivmarke zu benutzen, auch dann nicht, wenn die Benutzungsbedingungen (§ 102 Abs. 2 Nr. 5 MarkenG) eingehalten werden.[19]

E.   Handels- oder Eigenmarken

17   Als Handelsmarke (auch Eigenmarke) bezeichnet man Produkte, *„deren Markenzeichen sich im Eigentum eines Handelsunternehmens bzw. einer Handelsorganisation befinden. Sie unterliegen einer beschränkten Distribution und werden in der Regel nur in eigenen oder angeschlossenen Einzelhandelsbetrieben abgesetzt".*[20]

18   Bekannte Handelsmarken sind beispielsweise „Ja!", der REWE Group, „Balea" des dm-Drogeriemarktes, „Gut&Guenstig" der Handelskette EDEKA oder „Tandil" (Waschmittel) der Handelskette ALDI.

19   Handelsmarken stehen in Konkurrenz zu Herstellermarken (umgangssprachlich „Markenartikel"). Beide sind Markenwaren, d.h. mit dem Rechtsschutz eines

---

18   Abrufbar unter: http://oami.europa.eu/de/mark/aspects/pdf/4094deCV.pdf.

19   Etwas Anderes kann sich allenfalls aus kartellrechtlichen Gesichtspunkten ergeben, § 20 GWB.

20   *Ahlert/Kenning/Schneider*, Markenmanagement im Handel, 2000, 12.

Warenzeichens, der Marke ausgestattete Konsumgüter. Herstellermarken und Handelsmarken unterscheiden sich dabei prinzipiell weder nach Qualität noch nach bestimmten Produkteigenschaften, sondern lediglich durch die jeweilige Markeneignerschaft und durch die Disposition über die Gestaltung der Marke.[21] Markenrechtlich gesehen, sind beide Markenformen „normale Marken" i.s.d. § 3 MarkenG.

F. Kombinationsmarken

Unter einer Kombinationsmarke versteht man eine solche Marke, die aus mehreren Zeichen verschiedener Markenformen zusammengesetzt ist. Die bekannteste und (wohl) zumindest in der Bundesrepublik am häufigsten verbreitete Kombinationsmarkenform ist die sog. Wort-/Bildmarke, die sich sowohl aus Wort- als auch aus Bildbestandteilen bildet. Oftmals kann die Eintragung einer Wort-/Bildmarke sinnvoll werden, wenn die Eintragung einer reinen Wortmarke daran zu scheitern droht, dass das einzutragende Kennzeichen nicht die notwendige Unterscheidungskraft aufweist oder beschreibenden Inhaltes ist.   **20**

Hinsichtlich der Beurteilung der Markenfähigkeit einer Kombinationsmarke ist grundsätzlich auf den **Gesamteindruck** abzustellen, den die Zeichen hervorrufen, wobei insbesondere die sie unterscheidenden und sie dominierenden Elemente zu berücksichtigen sind; entscheidend ist nämlich, wie die Marke auf den Durchschnittsverbraucher dieser Art von Waren und Dienstleistungen wirkt, dieser nimmt Marken regelmäßig als Ganzes wahr und achtet nicht auf die verschiedenen Einzelheiten.[22] Es ist daher nicht erforderlich, dass jeder Zeichenbestandteil einer Kombinationsmarke selbstständig markenfähig ist. Ausreichend ist es vielmehr, wenn die Zusammensetzung oder Kombination der Zeichenbestandteile und damit die einheitliche zusammengesetzte Marke oder Kombinationsmarke als solche als ein produktidentifizierendes Unterscheidungszeichen markenfähig ist.[23]   **21**

---

21 *Schenk*, in: Bruhn (Hrsg.), Handbuch Markenführung, 2. Aufl., 2004, 119.

22 EuGH, WRP 1999, 806 – Lloyd, Tz. 25; EuGH, GRUR 1998, 387 – SABEL, Tz. 23.

23 BGH, GRUR 1983, 440 – Burkheimer Schlossberg; *Fezer*, in: Fezer (Hrsg.), Markenrecht, 4. Aufl. 2009, § 8 MarkenG, Rn 296; vgl. EuGH, GRUR 1988, 387, 390 Sabel/Puma; EuGH, GRUR int. 1999, 734, 736 – Lloyd; BGH, GRUR 1996, 200, 201; BGH, GRUR 1998, 927, 929 – Compo-sana; BGH, GRUR 1998, 932, 933 – Meister Brand.

22

So ist die vorstehende Wort-/Bildmarke des Freien Verbandes Deutscher Zahnärzte (FVDZ) schriftbildlich dadurch geprägt, dass die Buchstaben (Z, R, A) besonders markant gezeichnet wurden, die Zeichnung macht dabei den Eindruck einer fast handschriftlichen oder mit dem Pinsel gezeichneten Schriftfolge, die zudem doppelt hinterlegt ist, in dem das tiefe Schwarz der Buchstaben durch ein dunkleres Grau hinterlegt wird. Das „O" in der Marke „ZORA" ist zudem grafisch derart gestaltet, dass sich dieser Buchstabe als Blume darstellt. Die Marke „ZORA" zeigt zudem ein „unsauberes" Schriftbild; so sind um alle Buchstaben Farbtupfer zu erkennen, die wiederum einen hohen Grad an Individualität aufweisen.

23 Eine Abweichung von dem Grundsatz, dass Kombinationsmarken dem Betrachter grundsätzlich als einheitlich gegenüber treten und sich dementsprechend eine zergliedernde Betrachtungsweise der einzelnen Kombinationsbestandteile verbietet, wird allgemein dann anerkannt, wenn es sich bei der grafischen Ausgestaltung des Kombinationszeichens um eine einfache und allgemein übliche handelt.[24] So hat das BPatG die Unterscheidungskraft der Wort-/Bildmarke „it.mta" – vgl. Abbildung im Anhang – verneint, da zwar „ein eigenständiger betrieblicher Herkunftshinweis durch eine besondere bildliche oder graphische Ausgestaltung nicht unterscheidungskräftiger Wortbestandteile erreicht werden" könne, an diese Ausgestaltung aber umso größere Anforderungen zu stellen seien, je kennzeichnungsschwächer die fragliche Angabe ist.[25] Im vorliegenden Fall beschränke sich die graphische Gestaltung auf eine werbeübliche Farbgestaltung in roter und grauer Schrift, die durch einen Punkt getrennt sind. Die bloße farbige Unterlegung nicht unterscheidungskräftiger Wörter sei jedoch nicht geeignet, den beschreibenden Charakter der Wortelemente zu überwinden und der Marke in ihrem Gesamteindruck die Eignung zur Unterscheidung der betrieblichen Herkunft der beschwerdegegenständlichen Waren zu verleihen. Die Abgrenzung von zwei Wortbestandteilen durch einen Punkt habe sich zudem in Anlehnung an die Schreibweise von

---

24 BGH, GRUR 2001, 1153 – antiKALK; BPatG, Beschl. v. 19.1.2010, 27 W (pat) 110/09 – it.mta; Ströbele/Hacker, MarkenG, 9. Aufl., § 8 Rn 127; BGH, GRUR 2003, 963, 965 – AntiVir/AntiVirus.
25 BPatG, Beschl. v. 19.1.2010, 27 W (pat) 110/09 – it.mta.

Internetadressen, bei denen die einzelnen Bestandteile (beispielsweise auch Vor-
und Nachname) üblicherweise durch einen Punkt voneinander abgesetzt werden,
als werbeübliches Gestaltungsmittel eingebürgert.

Im Gegensatz dazu sieht das BPatG die Wort-/Bildmarke „TV Spielfilm" – vgl.   **24**
Abbildung im Anhang – als unterscheidungskräftig an.[26] Denn, die überlappende
Anordnung der in unterschiedlicher Farbe und Schrift gehaltenen Buchstaben wir-
ke – so das BPatG – noch hinreichend eigentümlich, um sich dem Publikum als
betriebliches Unterscheidungsmittel einzuprägen.

G. Notorietätsmarken

Markenschutz kann auch ohne Eintragung im deutschen oder europäischen Mar-   **25**
kenregister entstehen, wenn ein Kennzeichen i.S.d. Art. 6 der Pariser Übereinkunft
zum Schutz des gewerblichen Eigentums (PVÜ)[27] notorische Bekanntheit erlangt
hat (siehe auch § 4 Nr. 3 MarkenG). Hierfür ist nicht einmal eine Benutzung der
Marke im Inland erforderlich. Ausreichend ist eine in einem Vertragsstaat der
PVÜ erworbene Bekanntheit. Als notorisch bekannte Marken zählen grundsätzlich
alle „Weltmarken" wie z.B. „Coca-Cola" oder „Mc Donald's".

Die Entstehung des Markenschutzes aufgrund des Erwerbs von notorischer Be-   **26**
kanntheit nach § 4 Nr. 3 MarkenG/Art. 6 PÜV ist aus Rechtsgründen dann ausgeschlossen, wenn das Zeichen von dem Unternehmen weder für Waren noch für
Dienstleistungen verwendet wird, sondern die Bezeichnung vom Verkehr lediglich
für eine besondere Vertriebsmethode verwendet wird.[28]

H. Waren- und Dienstleistungsmarken

I. Warenmarken

Das WZG von 1936 gewährte ursprünglich nur den sog. Warenmarken (Warenzei-   **27**
chen) markenrechtlichen Schutz. In § 1 WZG hieß es: „Wer sich in seinem Geschäftsbetrieb zur Unterscheidung seiner Waren von den Waren anderer eines Warenzeichens bedienen will, kann dieses Zeichen zur Eintragung in die Zeichenrolle

---

26   BPatG, Beschl. v. 19.1.2010, 27 W (pat) 154/09 – TV Spielfilm.
27   Abrufbar unter: http://www.admin.ch/ch/d/sr/i2/0.232.04.de.pdf.
28   So für die Bezeichnung *„Tupper(ware)party"*, BGH, GRUR 2003, 973, 974 – Tupperwareparty, da
    diesen Verkaufsveranstaltungen keine besondere Dienstleistung zugrunde lag.

anmelden." Eine Warenmarke gibt einer Ware, d.h. einem bestimmten (körperlichen) Produkt, einen unterscheidungskräftigen Namen.

II. Dienstleistungsmarken

28 Mit Inkrafttreten des Gesetzes über die Eintragung von Dienstleistungsmarken[29] im Jahr 1979 wurde dieser Schutz auf sog. Dienstleistungsmarken erweitert, bei denen die Marke dazu bestimmt ist, Dienstleistungen des Markeninhabers von Dienstleistungen anderer Unternehmen zu unterscheiden. Die Dienstleistungsmarke bezeichnet also Dienstleistungen (wie z.b. die Dienstleistungen eines Rechtsanwaltes, Arztes, Softwarehauses etc.) und hilft ihrem Erbringer von anderen Leistungserbringern am Markt zu unterscheiden.

29 Auch die Eintragung einer Dienstleistungsmarke gibt dem Inhaber das ausschließliche Recht, die Marke für Dienstleistungen der geschützten Art (beispielsweise Rechtsanwaltsdienstleistungen) zu benutzen und andere an der Eintragung und Benutzung verwechselungsfähiger, jüngerer Marken für identische oder ähnliche Dienstleistungsbereiche zu hindern (§ 14 MarkenG). Dabei ist zu beachten, dass grundsätzlich auch eine Verwechselbarkeit zwischen Waren- und Dienstleistungsmarken in Betracht kommt. So kann eine Marke, die in Klasse 16 für „Druckereierzeugnisse" geschützt ist, durchaus verwechslungsfähig mit einer Marke aus dem Dienstleistungsbereich des „Verlagswesens" (Klasse 41) sein. Bei der Frage der Ähnlichkeit von Waren und Dienstleistungen handelt es sich jedoch letztlich um Wertungsfragen, die anhand des jeweiligen Einzelfalles und unter Gegenüberstellung der jeweiligen Marken beurteilt werden müssen.[30]

30 Dienstleistungs- wie Warenmarken können dabei in jeder zulässigen Markenform[31] eingetragen und verwandt werden; so beispielsweise als Wort-/Bildmarke, wie

medi-ip [32]   oder reine Bildmarken wie   [33]

oder Farbmarken („Magenta") etc.

---

29 BGBl I, 1 25.
30 Eine hervorragende Hilfestellung liefern hier sicherlich *Richter/Stoppel*, Die Ähnlichkeit von Waren und Dienstleistungen, 14. Auflage 2008.
31 Hierzu sogleich unter § 3 B. IV. 2–4.
32 Deutsche Wort-/Bildmarke Nr. 302008073476 der Kazemi & Lennartz Rechtsanwälte PartG.
33 Deutsche Bildmarke Nr. 302008073477 der Kazemi & Lennartz Rechtsanwälte PartG.

Der Gesetzgeber hat bewusst darauf verzichtet, Sonderregelungen zum materiellen **31** Recht der Dienstleistungsmarken zu treffen, so dass grundsätzlich alle Fragen des materiellen Rechts, wie der absoluten Schutzfähigkeit, der zeichenrechtlichen Übereinstimmung, der Verkehrsgeltung oder des Benutzungszwangs, bei Waren- und Dienstleistungsmarken grundsätzlich gleich zu lösen sind und zwar auf deutscher, wie auf europäischer Ebene. Aus der Tatsache, dass zur Kennzeichnung von Dienstleistungen eine unmittelbare körperliche Verbindung zwischen der Leistung und der Marke nicht in gleicher Weise wie bei einem Warenzeichen möglich ist, ergeben sich jedoch einige Besonderheiten hinsichtlich der im Rahmen von § 14 Abs. 3 MarkenG relevanten Benutzungshandlungen.[34] So ist das „Anbringen" der Marke nur im übertragenen Sinne möglich, so dass bei Dienstleistungsmarken bereits die Nutzung auf Geschäftsbriefen und Rechnungen zur Rechtserhaltung geeignet sein kann, soweit diese Benutzung ernsthaft, d.h. diese Benutzung, zum einen der Verwendung normaler wirtschaftlicher Betätigung entspricht und zum anderen keine Anhaltspunkte dafür bestehen, dass die Benutzungshandlungen nur zum Schein vorgenommen wurden.[35] Auch kann im Einzelfall die Benutzung der Marke als Domainname ausreichend sein, soweit die Dienstleistung direkt über das Internet erbracht wird.[36] Gleiches gilt wenn sich eine hinreichende gedankliche Verbindung aus der Anbringung der Marke an der Hauptware, auf die sich die Dienstleistung bezogen hat oder über die Kennzeichnung von Hilfswaren (Rechnungen, Preislisten, Datenträger, begleitende Dokumentationen etc.), mit denen die Dienstleistung erbracht wird, ergibt.[37]

Entscheidend ist stets, dass der Verkehr aus der Benutzung des Zeichens erkennen **32** kann, dass mit der Verwendung der Bezeichnung nicht nur der Geschäftsbetrieb benannt, sondern auch eine konkrete Dienstleistung bezeichnet wird, die aus ihm stammt. Dabei ist zu berücksichtigen, dass der Verkehr bei Dienstleistungen daran gewöhnt ist, dass diese häufiger als Waren mit dem Unternehmensnamen gekennzeichnet werden.[38]

---

34 Siehe § 1 A.
35 *Ströbele* in: Ströbele/Hacker (Hrsg.), Markengesetz, 9. Aufl. 2009, § 26 Rn 36; LG Hamburg, GRUR-RR 2010, 47.
36 *Fezer*, Markenrecht, 4. Aufl. 2009, § 4 Rn 34; OLG Köln, CR 2008, 456.
37 LG Köln, Urt. v. 13.11.2007, 33 O 129/07, abrufbar unter: http://www.justiz.nrw.de/nrwe/lgs/koeln/lg_koeln/j2007/33_O_129_07urteil20071113.html.
38 BGH, GRUR 2008, 616 – AKZENTA.

III. Nizza-Klassifikation

33 Der grundsätzlichen Unterscheidung zwischen Waren- und Dienstleistungsmarken folgend, differenziert auch die sog. Klasseneinteilung sowohl des deutschen und auch des europäischen Markenregisterrechts zwischen Warenklassen (Klassen 01–34) und Dienstleistungsklassen (Klassen 35–45).

34 Dabei folgt die Klasseneinteilung der internationalen Klassifikation von Waren und Dienstleistungen für die Eintragung von Marken (Markenklassifikation; gemeinhin als „**Nizza-Klassifikation**"[39] bezeichnet). Die internationale Markenklassifikation ist in einem auf der diplomatischen Konferenz von Nizza am 15.6.1957 geschlossenen Abkommen vertraglich festgelegt worden. Jedes der Mitgliedsländer hat sich verpflichtet, für die Eintragung von Marken die Internationale Markenklassifikation entweder als Hauptklassifikation oder als Nebenklassifikation anzuwenden und in seinen amtlichen Veröffentlichungen über die Eintragung von Marken die Nummern der Klassen der Internationalen Markenklassifikation anzugeben, in welche die Waren oder Dienstleistungen der eingetragenen Marke eingeordnet sind. Durch diese Vereinheitlichung wird es – was vor allem im Rahmen der Eintragung von Marken Bedeutung erlangt – einfacher, die Dienstleistungs- und/oder Warenidentität bzw. -ähnlichkeit unterschiedlicher Marken festzustellen,[40] die – neben der Kennzeichenidentität/-ähnlichkeit – das entscheidende Kriterium ist, um zu beurteilen, ob einer Markeneintragung ggf. ältere Markenrechte entgegenstehen (könnten).

35 Die Anwendung der Internationalen Markenklassifikation ist dabei nicht nur für die nationale Eintragung von Marken in den Mitgliedsländern des Abkommens von Nizza vorgeschrieben, sondern auch für die internationale Registrierung von Marken durch das Internationale Büro der Weltorganisation zum Schutz geistigen Eigentums (WIPO) gemäß dem **Madrider Abkommen** über die Internationale Registrierung von Marken und dem Protokoll über das Madrider Abkommen über die Internationale Registrierung von Marken, für die Eintragung von Marken durch die afrikanische Organisation für geistiges Eigentum (OAPI), durch die afrikanische Regionale Organisation für geistiges Eigentum (ARIPO), durch das Beneluxbüro für Marken (BBM) und das Harmonisierungsamt für den Binnenmarkt (HABM).

36 Die in der Nizza-Klassifikation aufgeführten Waren- und Dienstleistungsbezeichnungen stellen Oberbegriffe dar, denen die Waren oder Dienstleistungen im All-

---

39 Die vollständige Nizza-Klassifikation kann im Internet unter http://www.dpma.de/docs/service/ klassifikationen/nizza/nizza9_tei1.pdf heruntergeladen werden.

40 Hierzu § 4 A.V. 2.a.

gemeinen zugeordnet werden. Um die richtige Einordnung einzelner Waren oder Dienstleistungen sicher zu stellen, sollten jeweils die alphabetische Liste und die erläuternden Anmerkungen, die sich auf die verschiedenen Klassen beziehen, herangezogen werden. Dies geschieht üblicher Weise, nachdem festgelegt wurde, was der Mandant mit „seiner Marke" beabsichtigt, genauer zur Kennzeichnung welcher Produkte und/oder Dienstleistungen er diese verwenden will.

IV. Wiener Klassifikation

Da neben den Waren- und Dienstleistungsbereichen, die vom Schutz einer Marke umfasst werden, auch die Bildbestandteile von Marken sowie reine Bildmarken recherchierbar sein müssen, um nach den einer Markeneintragung entgegenstehenden älteren Marken suchen zu können, wurde auf Antrag mehrerer Patentämter der Länder der Pariser Verbandsübereinkunft bereits 1985 das **Wiener Abkommen** über die Errichtung einer Internationalen Klassifikation der Bildbestandteile von Marken („Wiener Abkommen" bzw. „Wiener Klassifikation" genannt) geschlossen.[41]   **37**

Die „Wiener Klassifikation"[42] besteht aus einem hierarchisch aufgebauten, vom Allgemeinen ins Einzelne gehenden System, das sämtliche Bildbestandteile in Kategorien, Abschnitte und Unterabschnitte einteilt. Das Bild eines Apfels löst sich dementsprechend beispielsweise auf in die Klassifikation Nr. 5.7.13, das Bild eines Apfelbaumes die Klassifikationen 5.1.11 und 5.5.19 erfüllt. Der oben bei Fn. 34 gezeigte „Dachs" wird nach der Wiener Klassifikation geschlüsselt als Nr. 3.5.5 usw. Unter zur Hilfename der Wiener Klassifikation kann daher vor der Eintragung von Marken mit Bildbestandteilen oder reinen Bildmarken leicht nach etwaigen Kollisionszeichen gesucht werden.   **38**

---

41 Mitgliedsländer neben der Bundesrepublik und der Europäischen Union in Bezug auf EU-Marken, sind: Armenien, Bulgarien, Kuba, Frankreich, Guinea, Jamaika, Kroatien, Kirgisistan, Luxemburg, Mexiko, Moldau, Niederlande, Österreich, Polen, Rumänien, St. Lucia, Slowenien, Schweden, Trinidad und Tobago, Tunesien, Türkei Turkmenistan, Uruguay.

42 Im Internet abrufbar unter: http://www.dpma.de/docs/service/klassifikationen/wien/wiener_klass.pdf.

§ 3 Kennzeichenarten und Funktion der Marke

A. Grundsätzliches

Wer davon spricht, er beschäftige sich mit Fragen des **Marken**rechts, will damit **1**
sicherlich nicht ausdrücken, er beschäftige sich im Rahmen seiner beruflichen Tätigkeit ausschließlich mit Marken (im engeren Sinne). Denn die Marke, ist nur eine (wenn auch die bedeutendste) Kennzeichenart, die im deutschen MarkenG geregelt wird. Nach der Konzeption des MarkenG sind neben Marken aber auch geschäftliche Bezeichnungen (Unternehmenskennzeichen und Werktitel) sowie geographische Herkunftsangaben schutzfähige Kennzeichenarten, so dass es sicherlich richtiger wäre, vom Kennzeichenrecht, anstatt vom Markenrecht zu sprechen. Dennoch hat sich letzter Begriff – sicherlich auch bedingt durch den Namen des Gesetzes (es heißt ja gerade nicht Kennzeichengesetz) – in der juristischen Literatur durchgesetzt. Bei der Verwendung des Begriffes „Markenrecht" sollte jedoch stets im Hinterkopf behalten werden, dass eine Differenzierung zwischen **der Marke** und den übrigen Kennzeichenarten vor allem in prozessualen Auseinandersetzungen zwingend erforderlich ist (vgl. bspw. die Unterscheidung bei Unterlassungsansprüchen in §§ 14 und 15 MarkenG).

Von allen Kennzeichenarten, die unter der Protektion des MarkenG stehen, genießt **2**
lediglich die Marke registerrechtlichen Schutz; ihre Verwendung kann durch Eintragung in das Markenregister öffentlich bekannt gegeben werden. Obwohl im Rahmen dieses Werkes die Markeneintragung im Fokus steht, soll auch auf die anderen Kennzeichenarten kurz eingegangen werden, denn diese können mit einer einzutragenden Marke kollidieren und deshalb im Rahmen der Eintragung (und der Markenrecherche) Bedeutung erlangen.

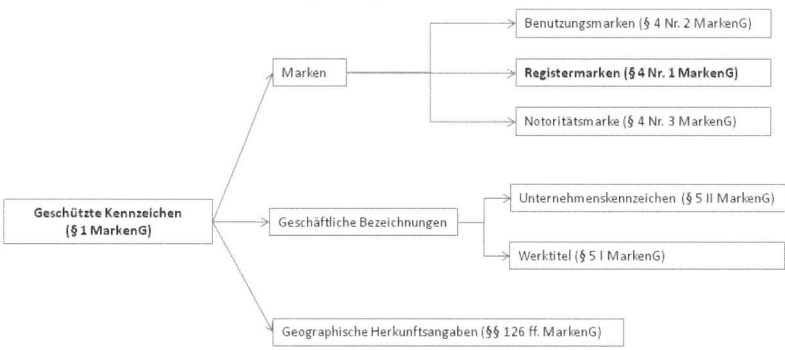

Die nach dem MarkenG geschützten Kennzeichenformen

31

B. Geschäftliche Bezeichnungen, § 5 MarkenG

I. Werktitel, § 5 Abs. 3 MarkenG

1. Schutzrichtung und -umfang

3 Der Werktitel ist nach der Legaldefinition des MarkenG ein Unterfall der geschäftlichen Bezeichnung. Nach der Legaldefinition des § 5 Abs. 3 MarkenG sind Werktitel die Namen oder besonderen Bezeichnungen von Druckschriften, Filmwerken, Tonwerken, Bühnenwerken oder sonstigen vergleichbaren Werken. Anders als die Marke sucht der Werktitel nicht danach auf die betriebliche Herkunft der Ware, in der das Werk gegebenenfalls verkörpert ist, oder die Dienstleistung, durch die das Werk produziert wird, hinzuweisen.[1]

4 Der markenrechtliche Werkbegriff ist zu dem des Urheberrechts verschieden. Es handelt sich um einen eigenständigen kennzeichenrechtlichen Werkbegriff, so dass – anders als im Bereich des UrhG – auch Titel gemeinfreier Werke schützbar sind.

5 Neben den ausdrücklich genannten „Werken" ist es Aufgabe der Rechtsanwender, den Halbsatz „sonstige vergleichbare Werke" auszulegen. Hierunter fallen beispielsweise Sammelwerke, Serien, Periodika, Neben- oder Untertitel, Kolumnen, Spalten, Werkteile, Zeitschriftenbeilagen etc. Werktitelschutz erstreckt sich nach Ansicht des BGH auch auf Computerprogramme.[2]

6 Da den Inhabern von Werktiteln markenrechtliche Unterlassungsansprüche zustehen können (§ 15 MarkenG), können auch solche Titel Kollisionswirkungen im Hinblick auf Marken entfalten, so dass auch diese vor Anmeldung einer Marke berücksichtigt werden müssen. Zudem sind nach Auffassung des BGH jedenfalls Werktitel periodischer Druckschriften (Zeitungs- und Zeitschriftentitel) gleichsam als Marke schutzfähig, da solchen Titeln im Hinblick auf den wechselnden Inhalt eine zumindest auch herkunftskennzeichnende Funktion nicht abgesprochen werden kann.[3] Auch Buchtitel sollen nach Ansicht des BGH grundsätzlich markenfähig sein, da die unterschiedliche Zielrichtung von Marken- und Titelschutz ein Nebeneinander beider Schutzrechte sinnvoll erscheinen lassen kann.[4]

---

1 BGH, Urt. v. 5.12.2002, I ZB 19/00] – Winnetou; BGH, Urt. v. 22.9.1999, I ZR 50/97 – FACTS; BGH, Urt. v. 16.9.1998, I ZR 6/96 – Wheels Magazine; BGH, GRUR 1994, 908, 910 – WIR IM SÜDWESTEN; BGH, GRUR 1994, 191, 201 – Asterix-Persiflagen.
2 BGH, Urt. v. 24.4.1997, I ZR 44/95 – PowerPoint.
3 BGH, GRUR 1970, 141 – Europharma; BGH, GRUR 1974, 661, 662 – St.-Pauli-Nachrichten; BGH, GRUR 1988, 377 – Apropos Film.
4 BGH, Urt. v. 17.2.2000, I ZB 33/97 – Bücher für eine bessere Welt.

Damit Domainnamen Werktitelschutz zukommt, reicht die bloße Registrierung der 7
Internetdomain bei der Registrierungsstelle ebenso nicht aus, wie die bloße Angabe auf einer eigenen Internetseite der Werktitelschutz beanspruchenden Partei.[5]
Vielmehr kann der Schutz eines Domainnamens als Werktitel nach § 5 Abs. 1 und 3 MarkenG grundsätzlich erst dann einsetzen, wenn das über den Domainnamen erreichbare titelschutzfähige Werk weitgehend fertig gestellt ist (d.h. redaktionelle Inhalte [„Werke"] hinterlegt sind).[6]

Damit eine Kennzeichenfolge Titelschutz genießen kann, ist – wie auch bei Mar- 8
ken – eine sog. individualisierende Unterscheidungskraft Schutzvoraussetzung. Diese Unterscheidungskraft kann sich von Hause aus ergeben, d.h. der Kennzeichenfolge kommt schon aus ihrer eigenartigen Zusammenstellung individuelle Kennzeichenkraft zu, oder aber durch eine erreichte Verkehrsgeltung. Dabei werden jedoch nur geringe Anforderungen gestellt, weil sich der Verkehr an mehr oder weniger farblose und beschreibende Bezeichnungen gewöhnt hat, so dass im Ergebnis wohl nur glatt beschreibende Titel für ein schutzfähiges Werk vom Titelschutz ausgeschlossen sind, bis sie sich ggf. im Verkehr durchsetzen.[7]

2. Titelschutzanzeige

Grundsätzlich entsteht das Titelrecht aus § 5 Abs. 3 MarkenG (auch bei bestehen- 9
der Kennzeichnungskraft) erst mit der tatsächlichen Aufnahme und Benutzung des Werktitels. Die Benutzungsaufnahme erfolgt bei Druckschriften regelmäßig mit dem tatsächlichen Erscheinen des Werks unter dem in Rede stehenden Werktitel. Diese verhältnismäßig strengen Anforderungen an die Titelschutz begründende Benutzungsaufnahme sowie die regelmäßig erheblichen Kosten, die mit einer Titeländerung verbunden sein können, haben im Verkehr das Bedürfnis nach einer zeitlichen Vorverlagerung des Titelschutzes entstehen lassen.

Diesem Bedürfnis trägt die Rechtsprechung durch die Anerkennung des Instituts 10
der sog. **Titelschutzanzeige** Rechnung. Auf der Grundlage der st. Rspr. des BGH kann ausnahmsweise eine Vorverlagerung des Titelschutzes in Betracht kommen, wenn das Werk in branchenüblicher Weise öffentlich angekündigt wird und in an-

---

5 OLG München, GRUR 2001, 522, 524; *Schalk* in: Büscher/Dittmer/Schiwy (Hrsg.), Gewerblicher Rechtsschutz, Urheberrecht, Medienrecht, § 5 MarkenG Rn 53; *Baronikians*, Der Schutz des Werktitels, 2007, Rn 172.

6 BGH, Urt. v. 14.5.2009, I ZR 231/06 – airdsl; OLG München, GRUR 2001, 522, 524.

7 Dem Titelschutz zugänglich, wie unterscheidungskräftig, beispielsweise „Dresden-online.de", OLG Dresden, Urt. v. 29.9.1998, 14 U 433/98 – dresden-online.de; „Eltern" als im Verkehr durchgesetzte Zeitschrift, LG Hamburg, Urt. v. 25.3.1998, 315 O 792/97 – eltern.de.

gemessener Frist nach der öffentlichen Ankündigung unter dem angekündigten Titel erscheint.[8] Ist dies der Fall, ist allgemein anerkannt, dass für die Entstehung des Titelschutzes die öffentliche Ankündigung des Werks unter seinem Titel der tatsächlichen Benutzungsaufnahme durch das Erscheinen des Werks gleichzustellen ist. Die Titelschutzanzeige stellt dabei aber selbst noch keine rechtsbegründende Benutzungshandlung dar und ersetzt diese auch nicht. Sie bringt daher kein Titelrecht zur Entstehung, sondern sichert nur den Zeitrang des künftig durch Benutzungsaufnahme entstehenden Rechts.

11 Die Titelschutzanzeige muss „formalisiert" und „branchenüblich" erfolgen. Hierzu wird allgemein auf den sog. Titelschutzanzeiger[9] zurückgegriffen, der einmal wöchentlich – immer dienstags – erscheint und als Deutschlands führendes Spezialmedium für Titelschutz bezeichnet werden kann. Neben der Veröffentlichung der Titelschutzanzeige bietet sich auf dieser (privaten, nicht öffentlich-rechtlichen) Plattform auch die Möglichkeit in den bisher erfolgten Titelschutzanzeigen online nach etwaigen Kollisionstiteln zu recherchieren. Ein weiteres anerkanntes Veröffentlichungsmedium ist das **Börsenblatt des deutschen Buchhandels.**[10]

> Unter Hinweis auf § 5 Abs. 3 MarkenG nehme ich Titelschutz in Anspruch für:
>
> **„Werktitel"**
>
> in allen Schreibweisen, Schriftarten, Wortverbindungen, Darstellungsformen, Abwandlungen, Abkürzungen, Titelkombinationen, grafischen Gestaltungen, entsprechenden Zusätzen, Untertiteln und Zusammensetzungen für alle Medien, insbesondere Bücher und alle anderen Printmedien, Tonträger und Merchandising, Bildtonträger, Film, Hörfunk, Fernsehen, Software, Off- und Online-Dienste, CD-ROM, CD-I, DVD und MD (MiniDisc) und andere Datenträger sowie für sonstige audiovisuelle, elektronische und digitale Medien und Netzwerke, Veranstaltungen und Dienstleistungen aller Art.
>
> **Titelberechtigter**

12 Die bloße Ankündigung eines „Werktitels" auf einem Internetportal (unter dem Domainnamen des Werktitels) ist hingegen nicht branchenüblich.[11]

---

8 BGH, Urt. v. 14.5.2009, I ZR 231/06 – airdsl; BGH, Urt. v. 22.6.1989, I ZR 39/87 = GRUR 1989, 760 – Titelschutzanzeige; BGH, GRUR 1998, 1010 – WIN-CAD; siehe auch OLG München, Urt. v. 22.8.2002, 6 U 3180/01; OLG Hamburg, WRP 2002, 337.

9 http://www.titelschutzanzeiger.de.

10 BGH, Urt. v. 22.6.1989, I ZR 39/87 = GRUR 1989, 760 – Titelschutzanzeige.

11 BGH, Urt. v. 14.5.2009, I ZR 231/06 – airdsl; OLG München, Urt. v. 22.8.2002, 6 U 3180/01; ebenso unüblich sind die Herausgabe von Pressemitteilungen (BGH, GRUR 1998, 1010, 1012 – WINCAD) oder Berichte im redaktionellen Teil einer Tageszeitung (BGH, Urt. v. 22.6.1989, I ZR 39/87 = GRUR 1989, 760 – Titelschutzanzeige.

Zulässig ist hingegen die Titelschutzanzeige in anonymisierter Form über Dritte, z.b. durch einen Rechts- oder Patentanwalt.[12]   **13**

Voraussetzung der gerichtlichen Anerkennung einer Titelschutzanzeige ist schließlich, dass das in der Anzeige genannte Werk auch innerhalb einer angemessen kurzen Frist auf den Markt gebracht wird. Als Faustformel hat sich dabei ein Zeitraum von 6 bis 12 Monaten ergeben, der jedoch durch Umstände des Einzelfalles verkürzt oder erweitert sein kann.[13]   **14**

II. Unternehmenskennzeichen, § 5 Abs. 2 MarkenG

Unternehmenskennzeichen sind Zeichen, die im geschäftlichen Verkehr als Name, als Firma oder als besondere Bezeichnung eines Geschäftsbetriebs oder eines Unternehmens benutzt werden (§ 5 Abs. 2 S. 1 MarkenG). Anders als die Marke (§ 4 MarkenG) dient das Unternehmenskennzeichen damit nicht dazu dem Endabnehmer die **Ursprungsidentität** einer Ware oder Dienstleistung **zu garantieren** und die Ware oder Dienstleistung von Waren und Dienstleistungen anderer Herkunft zu unterscheiden (keine Produktidentifizierungsfunktion), sondern in erster Linie dazu das Unternehmen selbst zu individualisieren.[14]   **15**

Infolge der allen Kennzeichenrechten gemeinsamen Herkunftsfunktion gehen firmen- und markenmäßiger Gebrauch jedoch oftmals ineinander über, so dass eine Unternehmensbezeichnung auch dadurch verletzt werden kann, dass sie von einem Dritten als Marke verwendet wird, ebenso wie umgekehrt eine Marke auch dadurch verletzt werden kann, dass ein Dritter, der ähnliche Waren oder Dienstleistungen anbietet, sie als Bezeichnung seines Unternehmens verwendet.[15] Dem liegt die Erwägung zugrunde, dass eine Produkt- oder Dienstleistungsbezeichnung häufig auch das Unternehmen bezeichnet und umgekehrt die Unternehmensbezeichnung   **16**

---

12 BGH, GRUR 1998, 956, 957 – Titelschutzanzeigen für Dritte; Der Anwalt kann dann freilich persönlich in Anspruch genommen werden.
13 BGH, Urt. v. 22.6.1989, I ZR 39/87 = GRUR 1989, 760 – Titelschutzanzeige; OLG Hamburg, WRP 1981, 31: 5 Monate bei Titel einer Zeitschrift noch angemessen; OLG Hamburg, AfP 1997, 815 Ergo: 10 Monate zu lang; OLG Hamburg, WRP 2002, 337, 338 – Bremer Branchen: 12 Monate bei Branchenbucherstellung noch angemessen.
14 *Hacker*, in: Ströbele/Hacker (Hrsg.), Markengesetz, 9. Aufl. 2009, § 5 Rn 4.
15 BGH, Urt. v. 9.10.2003, I ZR 65/00 – Leysieffer; BGH, Urt. v. 18.10.1974, I ZR 118/73 = GRUR 1975, 257 – Buddelei; BGH, Urt. v. 13.7.1977, I ZR 136/75 = GRUR 1977, 789, 790 – Tina-Spezialversand I; BGH, Urt. v. 28.4.1983, I ZR 52/81 = GRUR 1983, 764, 765 – Haller II; BGH, Urt. v. 24.11.1983 – I ZR 124/81, GRUR 1984, 354, 356 – Tina-Spezialversand; BGH, Urt. v. 28.2.2002, I ZR 177/99 – Hotel Adlon.

zumindest mittelbar auch die Herkunft der aus dem Betrieb stammenden Waren kennzeichnet.[16]

17   Dementsprechend sind bei der Kollisionsprüfung im Rahmen der Markeneintragung stets (auch) ähnliche oder identische Unternehmenskennzeichen zu berücksichtigen.

18   § 5 Abs. 2 MarkenG unterscheidet grob zwischen Unternehmenskennzeichen mit Namensfunktion (§ 5 Abs. 2 S. 1 MarkenG) und solchen ohne Namensfunktion (§ 5 Abs. 2 S. 2 MarkenG). Der Namensbegriff ist dabei weitestgehend identisch mit dem des BGB (§ 12). Voraussetzung für einen Kennzeichenschutz nach § 5 Abs. 2 S. 1 MarkenG ist, dass die betreffende Bezeichnung im geschäftlichen Verkehr zur **persönlichen Individualisierung** eines bestimmten Trägers eines Unternehmens oder Geschäftsbetriebs verwendet wird.[17] Grundsätzlich schutzfähig sind damit neben Namen natürlicher Personen auch Namen juristischer Personen,[18] von Personengesellschaften[19] oder von Vereinen.[20]

19   Den Schutz aus § 5 Abs. 2 MarkenG genießen zudem nicht nur Bezeichnungen und Kennzeichnungen eines Unternehmens als Ganzes, sondern auch eines abgrenzbaren und abgegrenzten Teils eines Geschäftsbetriebes, wobei dies allerdings eine organisatorische Verselbstständigung innerhalb des Gesamtbetriebes erfordert.[21]

20   Nach der Rechtsprechung des BGH kann selbst eine Gebäudebezeichnung bzw. ein Hausname Kollisionswirkungen nach § 12 BGB entfalten, soweit an der Gebäudebezeichnung ein schutzwürdiges Interesse besteht, beispielsweise, weil durch die Bezeichnung auf die besonderen Beziehungen einer bekannten Persönlichkeit des kulturellen oder politischen Lebens zu diesem Gebäude hingewiesen werden soll (bspw. Beethovenhaus Bonn).[22]

---

16   BGH, GRUR 1984, 354, 356 – Tina-Spezialversand II; BGH, Urt. v. 9.10.2003, I ZR 65/00 – Leysieffer.

17   *Hacker*, in: Ströbele/Hacker (Hrsg.), Markengesetz, 9. Aufl. 2009, Rn 9 zu § 5.

18   BGH GRUR 1954, 195 – KfA; OLG München, Urt. v. 15.2.2007, 29 U 3166/06 – Kloster Andechs; BGH, GRUR 2005, 357 – Pro Fide Catholica (zu § 12 BGB).

19   BGH, Urt. v. 11.4.2002, I ZR 317/99 = GRUR 2002, 706 – vossius.de; OLG München, ZUM 1999, 159 – Reblaus Trio; OLG München, NJW-RR 1993, 621 – Anwaltssozietät; KG, WRP 1990, 37 – Streichquartett.

20   BGH, Urt. v. 31.7.2008, I ZR 158/05 = GRUR 2008, 1102 – Haus & Grund I; BGH, Urt. v. 31.7.2008, I ZR 171/05 = GRUR 2008, 1104 – Haus & Grund II; BGH, Urt. v. 31.7.2008, I ZR 21/06 = GRUR 2008, 1108 – Haus & Grund III; BGH, Urt. v. 16.12.2004, I ZR 69/02 = GRUR 2005, 517 – Literaturhaus; GRUR 1953, 446, 447 – Verein der Steuerberater.

21   KG, WRP 1980, 409, 412 – Intercity; KG, NJW 1988, 2892, 2893.

22   Vgl. auch BGH, Urt. v. 9.1.1976, GRUR 1976, 311 – Sternhaus.

Der Schutz der in § 5 Abs. 2 S. 1 MarkenG geregelten Unternehmenskennzeichen **21** entsteht grundsätzlich mit der Benutzungsaufnahme, dieser Zeitpunkt bestimmt zugleich den Zeitrang des Rechts, da eine Zeitrangbestimmung – mangels Eintragung des Unternehmenskennzeichens – nicht aus dem Markenregister bestimmt werden kann. Ebenso wie alle anderen Kennzeichenarten i.S.d. MarkenG setzt das Entstehen eines Unternehmenskennzeichens zudem voraus, dass das Kennzeichen als solches hinreichende Unterscheidungskraft aufweist.[23]

III. Geographische Herkunftsangaben, § 126 MarkenG

Geographische Herkunftsangaben i.S.d. § 126 MarkenG sind die Namen von Orten, Gegenden, Gebieten oder Ländern sowie sonstige Angaben oder Zeichen, die im geschäftlichen Verkehr zur Kennzeichnung der geographischen Herkunft von Waren oder Dienstleistungen benutzt werden (bspw. der unter dem Firmennamen auf der Messerklinge eines Anglermessers angebrachte Zusatz „Germany"[24] oder „Oktoberfestbier" für das exklusiv auf dem Münchner Oktoberfest ausgeschenkte Bier).[25] **22**

Dem Schutz als geographische Herkunftsangaben sind solche Namen, Angaben oder Zeichen hingegen nicht zugänglich, bei denen es sich um sog. **Gattungsbezeichnungen** handelt. Als Gattungsbezeichnungen sind solche Bezeichnungen anzusehen, die zwar eine Angabe über die geographische Herkunft enthalten oder von einer solchen Angabe abgeleitet sind, die jedoch ihre ursprüngliche Bedeutung verloren haben und als Namen von Waren oder Dienstleistungen oder als Bezeichnungen oder Angaben der Art, der Beschaffenheit, der Sorte oder sonstiger Eigenschaften oder Merkmale von Waren oder Dienstleistungen dienen. Dies wurde beispielsweise für den Begriff „SPA" durch das BPatG[26] angenommen. Das Wort „SPA" stellte zwar in seiner ursprünglichen Bedeutung eine geographische Herkunftsangabe dar, hat sich jedoch in eine Art Gattungsbezeichnung entwickelt, die zur Bezeichnung für Bereiche des Wellness- und Beauty-Sektors verwendet wird. **23**

Wenn sich die Verpflichtung zum Schutz einer ausländischen geographischen Herkunftsangabe aus einem bilateralen Abkommen ergibt, ist allein entscheidend, ob **24**

---

23 Nicht anzunehmen beispielsweise bei „Hausbücherei" für ein Unternehmen des Buchhandels ohne Verkehrsgeltung, BGH, GRUR 1957, 25, 26 – Hausbücherei; „Mitwohnzentrale", BGH Urt. v. 17.5.2001, I ZR 216/99 – mitwohnzentrale.de; Ausführlich hierzu unter § 4 A.IV.1.

24 Geographische Herkunftsangabe für das Messer in dem Sinne, dass der Fertigungsbetrieb in Deutschland liegt, LG Frankfurt a.M., WRP 2009, 497.

25 LG München I, GRUR-RR 2008, 339 – Oktoberfestbier.

26 BPatG, Beschl. v. 10.2.2009, 27 W (pat) 20/09 – SPA.

die Bezeichnung im Ursprungsland noch als geographische Angabe geschützt ist oder dort als Gattungsbezeichnung gilt.[27]

25 Geographische Herkunftsangaben dürfen im geschäftlichen Verkehr nicht für Waren benutzt werden, die nicht aus dem Land stammen, das durch die geographische Herkunftsangabe bezeichnet wird, wenn bei der Benutzung solcher Namen für Waren anderer Herkunft eine Gefahr der Irreführung über die geographische Herkunft besteht (§ 127 Abs. 1 MarkenG).

26 Ebenso untersagt ist es, die geographische Herkunftsangabe für Waren oder Dienstleistungen gleicher Herkunft, aber minderer Qualität zu benutzten, wenn die so gekennzeichneten Produkte üblicherweise besondere Eigenschaften oder eine besondere Qualität haben (§ 127 Abs. 2 MarkenG). Da es zur Beurteilung dieser Frage „auf die Verkehrsanschauung" ankommt und diese schwer feststellbar sein wird, ist der Anwendungsbereich des § 127 Abs. 2 MarkenG in der Praxis eher als schmal zu bezeichnen.

27 In § 127 Abs. 4 MarkenG wird schließlich klargestellt, dass auch die Verwendung ähnlicher Bezeichnungen oder die Verwendung der Angabe mit so genannten entlokalisierenden Zusätzen („nach Art von ...", „à la ..." etc.) untersagt werden kann, wenn trotz der sprachlichen Abweichung oder des Zusatzes eine Irreführungsgefahr oder eine unlautere Ausnutzung oder Beeinträchtigung des Rufs oder der Unterscheidungskraft der geographischen Herkunftsangabe vorliegt.

28 Bei Verstoß gegen vorgenannte „Nutzungsvoraussetzungen" besteht Anspruch auf Unterlassung sowie ggf. Schadenersatz. Soweit Marken eingetragen werden sollen, die ausschließlich aus einer geographischen Angabe bestehen, sind diese nach § 8 Abs. 2 Nr. 2 MarkenG von der Eintragung als Marke ausgeschlossen (beschreibende Marke). Nach den Vorgaben des EuGH ist bei der Prüfung insoweit sowohl auf die aktuellen Gegebenheiten wie auch darauf abzustellen, ob vernünftigerweise zu erwarten ist, dass künftig ein Bedürfnis für eine beschreibende Verwendung der Angabe bestehen wird.[28]

29 Führt die geographische Angabe zu einer Täuschung über die Herkunft des Produkts, ist sie ebenfalls von der Eintragung ausgeschlossen (§ 8 Abs. 2 Nr. 4 MarkenG).[29]

---

27 BGH, GRUR Int. 1994, 523, 526 – Mozzarella I und II; ebenso für den Begriff „Champagner".
28 EuGH, GRUR 1999, 723, 726 – Chiemsee.
29 Hierzu § 4 A.IV. 4.

IV. Als Marke schutzfähige Zeichen, § 3 MarkenG

1. Allgemeine Anforderungen

Nach § 3 Abs. 1 MarkenG können als Marke grundsätzlich **alle Zeichen** geschützt **30** werden, die **geeignet** sind, Waren oder Dienstleistungen eines Unternehmens von denjenigen anderer Unternehmen **zu unterscheiden.** Die Hauptfunktion der Marke besteht folglich darin, dem Verbraucher oder dem Endabnehmer die Ursprungsidentität der durch die Marke gekennzeichneten Ware oder Dienstleistung zu garantieren, indem sie ihm ermöglicht, diese Ware oder Dienstleistung von Waren oder Dienstleistungen anderer Herkunft zu unterscheiden.[30]

Die Funktion eines Unterscheidungszeichens erfordert dementsprechend, dass das **31** als Marke beanspruchte Zeichen von Dritten wahrgenommen werden kann, also auf deren Sinnesorgane einwirkt.[31]

Wegen der Verwendung des „Zeichenbegriffes" in § 3 Abs. 1 MarkenG sind nur **32** solche „Zeichen" als Marke schutzfähig, die sich auch graphisch darstellen („zeichnen") lassen (Art. 4 GMV; § 8 MarkenG).[32] Dementsprechend stellten die Bild- und die Wortmarke über lange Jahre die weit überwiegend eingetragenen Zeichen dar. Das MarkenG in seiner aktuellen Fassung definiert die zulässigen Markenformen jedoch wesentlich weiter (und nicht abschließend). Als Marke schutzfähig sind dementsprechend insbesondere Wörter einschließlich Personennamen, Abbildungen, Buchstaben, Zahlen, **Hörzeichen, dreidimensionale Gestaltungen** einschließlich der Form einer Ware oder ihrer Verpackung sowie sonstige Aufmachungen einschließlich **Farben** und **Farbzusammenstellungen,** die geeignet sind, Waren oder Dienstleistungen eines Unternehmens von denjenigen anderer Unternehmen zu unterscheiden. Neben diesen enumerativ aufgelisteten „neuen" Markenformen gelten heute beispielsweise auch die „Riechmarke" oder die „Tastmarke" als marken- und damit eintragungsfähig.

Marken i.S.d. § 3 MarkenG erfüllen:
- ■ **Herkunftsfunktion**
- ■ **Produktbeschreibende Funktion**
- ■ **Qualitätsfunktion**
- ■ **Werbefunktion**

---

30 Vgl. EuGH, Urt. v. 12.12.2002 – C-273/00, Slg. 2002, I-11737 Tz. 35 = GRUR 2003, 145 = WRP 2003, 249 – Sieckmann.
31 *Fezer,* WRP 1999, 575, 576; *ders.* in: Festschrift v. Mühlendahl, 2005, S. 43, 44 f.
32 Hierzu § 4 A.III.

33 Auf den ersten Blick könnte der Wortlaut der Vorschrift des § 3 MarkenG eine Einschränkung auf „Unternehmen" als potentielle Markeninhaber beinhalten. Doch ist die Markenfähigkeit eines Zeichens nach § 3 Abs. 1 MarkenG abstrakt, d.h. ohne Bezug zu den angemeldeten Waren oder Dienstleistungen und auch ohne Berücksichtigung der Person des Anmelders und späteren Inhabers der Marke zu beurteilen.[33] Da die Vorschrift des § 3 MarkenG zudem für alle Marken, namentlich die Register-, Benutzungs- sowie die Notorietätsmarke Geltung beansprucht, ist – zumindest nach der abstrakten Definition – der Erwerb eines Markenrechts jedem zugänglich, der generell beabsichtigt, ein Zeichen markenmäßig, d.h. zur Abgrenzung und Individualisierung von Waren oder Dienstleistungen zu benutzen.[34]

2. Wortmarken

34 Wortmarken sind in der Bundesrepublik erst seit 1894[35] schutzfähig. Während über lange Jahre die Bildmarken die Spitze der Markeneintragungsstatistiken anführten, gilt die Wortmarke heute international als die häufigste eingetragene Markenform. Wortmarken können als so genannte Einwortmarken bzw. als so genannte Mehrwortmarken vorkommen. Einwortmarken bestehen, wie der Name bereits vermuten lässt, lediglich aus einem Wort oder gar nur einzelnen Buchstaben („PP" und „PPK",[36] „RBB",[37] „McDonald's"). Hingegen besteht eine Mehrwortmarke aus mehreren Wörtern („AIR FORCE ONE",[38] „freenet iPhone",[39] „United Colours of Benetton", „Hugo Boss"). Auch kurze Sätze können eine Wortmarke bilden, in diesem Zusammenhang dürfte beispielsweise der als Wortmarke geschützte Werbeslogan „Ich liebe es" des US-amerikanischen Fast-Food-Konzerns McDonald's bekannt sein.[40] Entscheidend ist jedoch, dass ein als Wortmarke einzutragender Text nach seinem äußeren Erscheinungsbild im Verkehr auch als Einheit

---

33 Vgl. Begründung des Regierungsentwurfs BT-Drucks 12/6581 S. 65; BGH, Beschl. v. 8.12.1999 – I ZB 2/97, GRUR 2000, 321, 322 = WRP 2000, 298 – Radio von hier; BGH, GRUR 2001, 240–242 – Swiss Army.

34 Obwohl das Erfordernis einer generellen Benutzungsabsicht dem § 3 MarkenG nicht zu entnehmen ist, nimmt der BGH an, dass die Gefahren des Rechtsmissbrauchs durch „Spekulationsmarken" es erforderlich machten, dass zumindest ein „genereller Benutzungswille" vorliegt, siehe BGH, GRUR 2001, 242 – Classe E.

35 Gesetz zum Schutz von Warenbezeichnungen, RGBl, S. 441.

36 RG, MuW 1938, 252, als Kennzeichen für Pistolen.

37 BGHZ 74, 1 – RBB/RBT.

38 BPatG, Beschl. v. 26.1.2010, 33 W (pat) 100/07 – AIR FORCE ONE.

39 BPatG, Beschl. v. 11.2.2010, 26 W (pat) 6/09 – freenet iPhone.

40 Wortmarke DE 30327821 des deutschen Markenregisters.

erkannt wird, um Gegenstand einer Wortmarke zu sein; fehlt einem solchen Text diese Einheitlichkeit, ist die Markenfähigkeit abzulehnen.[41]

Wie jedes Kennzeichen muss auch die Wortmarke das Kriterium der Unterschei-   **35** dungskraft[42] als ein Merkmal der generellen Markenfähigkeit eines Zeichens erfüllen. In der Rechtsprechung[43] wird die Unterscheidungskraft gemeinhin dahingehend verstanden, dass das Zeichen dazu geeignet sein muss, Waren oder Dienstleistungen eines Unternehmens von denjenigen anderer Unternehmen zu unterscheiden. Um im Hinblick auf die angemeldeten Waren oder Dienstleistungen konkrete Unterscheidungskraft zu entfalten, müssen Wortmarken damit zumindest auch, das heißt neben ihrer vermeintlich lexikalischen Bedeutung, vom Verkehr als Herkunftshinweis verstanden werden können. Dies gilt nicht für solche Zeichenfolgen, die glatt beschreibenden („HOMES & GARDENS",[44] „DER WELLNESS-MALERMEISTER",[45] „Med-At-Work"[46]) oder allgemein sprachgebräuchlich („REICH & SCHOEN",[47] „INDIVIDUELLE"[48]) sind oder eine Gattungsbezeichnung darstellen. Wird ein gebräuchliches Wort der deutschen oder einer im Inland bekannten fremden Sprache vom Verkehr stets nur als solches und nicht als Unterscheidungsmittel verstanden, wird die Eintragung mangels Unterscheidungskraft versagt. Dies gilt neben englischen Bezeichnungen („Investor World" für Finanzdienstleistungen oder „BIOMILD" für Milcherzeugnisse) auch für Begriffe aus dem Lateinischen („NOVA").[49]

Nach Vorgenanntem sind als Wortmarken ebenfalls einzelne Buchstaben oder Zah-   **36** len oder Kombinationen hieraus (beispielsweise Z3, Sat.1, 3M, 4711) grundsätzlich eintragungsfähig. So hat das BPatG[50] für die Waren „Windkraftanlagen und deren Teile" die aus dem Buchstaben „E" bestehende Wortmarke zur Eintragung in das Register zugelassen, denn nach Auffassung des Bundespatentgerichtes sei es

---

41 Fezer, in: Fezer (Hrsg.), MarkenR, 4. Auflage 2009, § 3 Rn 506.
42 Hierzu § 4 A.IV.1.
43 BGH, MarkenR 1999, 64, 65 – Farbmarke gelb/schwarz.
44 BPatG, Beschl. v. 16.9.2009, 29 W (pat) 3/09 – HOMES & GARDENS, für Waren der Klasse 16 (Zeitschriften zum Thema Haus & Garten).
45 BPatG, Beschl. v. 8.4.2009, 26 W (pat) 47/08 – DER WELLNESSMALERMEISTER, für Waren der Klasse 37 (Bauwesen, Reparaturwesen, Installationsarbeiten, Malerarbeiten, Tapezierarbeiten etc.).
46 BPatG, Beschl. v. 26.3.2009, 30 W (pat) 147/06 – Med-At-Work, für Dienstleistungen der Klasse 44 (Dienstleistungen eines Mediziners).
47 BGH, MarkenR 2001, 363 – REICH & SCHOEN.
48 BGH, MarkenR 2001, 408 ff. – INDIVIDUELLE.
49 BPatG, Beschl. v. 11.1.2006, 28 W (pat) 255/04 – NOVA.
50 BPatG, GRUR 2003, 347 – Buchstabe „E".

nicht gerechtfertigt, im Hinblick auf ein lediglich vermutetes generelles Freihaltungsbedürfnis der Allgemeinheit an Buchstaben und Zahlen erhöhte Anforderungen an die Beurteilung ihrer Unterscheidungskraft zu stellen. In gleicher Weise hat der BGH die Zahl „1" als Wortmarke für Tabakerzeugnisse (Zigaretten) zulässig angesehen.[51]

3. Bildmarken

37   Bildzeichen haben als Marken eine lange Tradition; sie gelten daher grundsätzlich als geeignet, Waren und/oder Dienstleistungen nach ihrer betrieblichen Herkunft zu unterscheiden. Eine Bildmarke liegt bereits dann vor, wenn der Anmelder zwar lediglich ein „Wort" zur Eintragung bringen möchte, dieses aber in einer bestimmten Schriftform (kursiv, fett, farbig) oder in einer bestimmten nicht lateinischen Sprache (beispielsweise: chinesische oder arabische Schriftzeichen). Kombiniert der Anmelder Wort- mit Bildbestandteilen, liegt eine Kombinationsmarke in Form der sog. Wort-/Bildmarke vor. Zu Beispielen für Erscheinungsformen von Bildmarken siehe die Abbildungen im Anhang.

38   Auch bei Anlegung des gebotenen großzügigen Prüfungsmaßstabs geht der BGH davon aus, dass Bildmarken, die sich in der bloßen Abbildung der Ware selbst erschöpfen, für die der Schutz in Anspruch genommen wird, im Allgemeinen die nach § 8 Abs. 2 Nr. 1 MarkenG erforderliche (konkrete) Unterscheidungskraft fehlt.[52] Soweit die Elemente eines Bildzeichens nämlich lediglich die typischen Merkmale der in Rede stehenden Waren darstellen oder sich in einfachen dekorativen Gestaltungsmitteln erschöpfen, an die sich der Verkehr etwa durch häufige Verwendung gewöhnt hat, wird einem Zeichen im Allgemeinen wegen seines bloß beschreibenden Inhalts die konkrete Eignung fehlen, die mit ihm gekennzeichneten Waren von denjenigen anderer Herkunft zu unterscheiden.[53] Erschöpft sich das Zeichen dagegen nicht in der Darstellung von Merkmalen, die für die Ware typisch oder lediglich von dekorativer Art sind, sondern weist es darüber hinausgehende charakteristische Merkmale auf, in denen der Verkehr einen Hinweis auf die betriebliche Herkunft sieht, so kann die Unterscheidungskraft nicht verneint wer-

---

51   BGH, MarkenR 2002, 291 – Zahl „1".
52   Vgl. BGH, NJW-RR 1999, 1130 = WRP 1999, 526 – Etiketten; BGH, GRUR 2001, 239f. – Zahnpastastrang.
53   BGH, NJW-RR 1999, 1130 = WRP 1999, 526 – Etiketten; BGH, GRUR 2000, 502 – St. Pauli Girl; BGH, GRUR 2001, 734 – Jeanshosentasche.

den.[54] Als grundsätzlich eintragungsfähig werden daher auch so genannte Konterfeimarken, die das Bildnis einer Person zeigen, angesehen.[55]

Im Rahmen der Eintragung einer Bildmarke muss sich der Anmelder dafür entscheiden, ob er die Eintragung farbig oder schwarz-weiß wünscht. **Schwarz-weiß eingetragene Marken** genießen nach der Rechtsprechung des Bundesgerichtshofes wie auch des Bundespatentgerichtes Schutz auch gegenüber farbigen Wiedergaben, da die schwarz/weiße Anmeldung und Eintragung keine Beschränkung auf eine bestimmte farbliche Gestaltung bedeutet.[56] Wird der Anmeldung hingegen eine farbliche Abbildung der Marke beigefügt und die Angabe vorgenommen, dass die Marke in bestimmten Farben eingetragen werden soll, wird der Schutzgegenstand der Marke auf die angegebene Farbgestaltung beschränkt,[57] so dass der Schutzumfang gegenüber andersfarbigen Gestaltungen geschmälert sein kann. Dies mag auf den ersten Blick nachteilig erscheinen, doch kann die farbliche Festlegung im Einzelfall dazu führen, dass dem Markeninhaber ein erweiterter Schutz gegenüber Benutzungen in identischer oder ähnlicher Farbe zusteht.[58]

39

4. „Neue" Markenformen

a. Farbmarke

Eine (abstrakte) **Farbmarke** ist eine Marke, die lediglich aus einer Farbe als solche, ohne eine figürliche Begrenzung besteht. Auch die Eintragung (Schutzerlangung) dieser Markenform ist grundsätzlich zulässig. Bekannter Inhaber einer derartigen abstrakten Farbmarke ist die Deutsche Telekom („Magenta" neuerdings beschränkt auf Telekommunikationsdienstleistungen).[59] Dabei muss jedoch beachtet werden, dass ein großes Allgemeininteresse an der Nichtmonopolisierung von Farben besteht. Bei der Beurteilung der Unterscheidungskraft einer abstrakten Farbmarke ist zusätzlich zu berücksichtigen, dass das angesprochene Publikum nicht daran gewöhnt ist, allein aus der Farbe von Waren oder ihrer Verpackung auf die

40

---

54 BGH, GRUR 2001, 239, 240 – Zahnpastastrang.
55 Ausführlich hierzu Sosnitza, FS Ullmann, S. 387 ff.
56 BGH, Beschl. v. 11.5.2006, I ZB 28/04 – Malteserkreuz; BPatG, GRUR 1998, 581, 582 – Weiße Kokosflasche; BGH, GRUR 1966, 553, 555 – Tintenkuli; BGH, GRUR 1963, 423, 424 – coffeinfrei; BGH, GRUR 1961, 343, 346 – Meßmer Tee I; BGH, GRUR 1956, 183, 185 – Dreipunkt.
57 BGH; GRUR 2004, 683, 685 – Farbige Arzneimittelkapsel.
58 BPatG, GRUR 1997, 285, 286 – VISA-Streifenbild.
59 BPatG, Beschl. v. 6.5.2009, 29 W (pat) 19/05 – Magenta.

Herkunft der Waren zu schließen, da eine abstrakte Farbe im Handel grundsätzlich nicht als Mittel der Identifizierung verwendet wird. Nur unter außergewöhnlichen Umständen kann ihr daher Unterscheidungskraft zukommen, etwa wenn die Zahl der beanspruchten Waren oder Dienstleistungen sehr beschränkt und der maßgebliche Markt sehr spezifisch ist.[60]

41   Farbmarken wird daher eine Unterscheidungskraft nur äußerst selten zugebilligt, weil sich für die meisten Waren und Dienstleistungen eine Gewöhnung des Verkehrs an die herkunftshinweisende Verwendung abstrakter Farben nicht feststellen lassen wird. Daher kommt die Eintragung abstrakter Farbmarken – auch unter Berücksichtigung des Allgemeininteresses daran, die Verfügbarkeit der Farben für die anderen Wirtschaftsteilnehmer, die Waren oder Dienstleistungen der von der Anmeldung erfassten Art anbieten, nicht ungerechtfertigt zu beschränken – in aller Regel nur dann in Betracht, wenn die abstrakte Farbmarke das Schutzhindernis der fehlenden Unterscheidungskraft für die beanspruchten Waren in Folge ihrer Benutzung im Verkehr überwunden hat. Dies hat das BPatG beispielsweise für die „Farbe Rot" zugunsten des C. H. Beck Verlages in Bezug auf die unter Juristen liebevoll „Ziegelsteine" genannten Loseblatt-Gesetzestexte angenommen und die Markeneintragung der „Farbe Rot" für die Waren der Klasse 16, genauer Bücher, nämlich Textausgaben von Gesetzen, verfügt.[61] Zur Eintragung gelangte ebenfalls die Farbe Cadmium-Gelb (RAL 1021) für Röntgenröhrenhauben für die zerstörungsfreie Materialprüfung. Da es sich um einen sehr speziellen Markt handele, auf dem überhaupt nur drei Hersteller ihre Produkte in der Hausfarbe lackieren, denke der Verkehr nicht an einen dekorativen Einsatz der Farbe, sondern sehe hierin einen Herkunftshinweis, so das BPatG.

42   Schließlich ist die für die Eintragung erforderliche graphische Darstellbarkeit einer Farbmarke nur dann gegeben, wenn sie klar, eindeutig, in sich abgeschlossen, leicht zugänglich, verständlich, dauerhaft und objektiv ist, so dass der Farbton nach einem internationalen Farbklassifikationssystem wie Pantone, RAL, HKS usw. angegeben werden muss.

43   Wegen der hohen Hürden bei der Eintragung von (abstrakten) Farbmarken waren im Februar 2010 beim Deutschen Patent- und Markenamt (DPMA) lediglich 95 Farbmarken registriert.

---

60 Grundlegend: EuGH, GRUR 2003, 604 – Libertel; siehe auch BPatG, GRUR 2008, 428, 429 – Farbmarke Rot.
61 BPatG, GRUR 2008, 428, 429 – Farbmarke Rot.

Farbmarken sind nur eintragungsfähig, wenn

- die grafische Darstellung klar, eindeutig, in sich abgeschlossen, leicht zugänglich, verständlich, dauerhaft und objektiv ist
- die Zahl der Waren oder Dienstleistungen, für die die Marke angemeldet wird, sehr beschränkt und der maßgebliche Markt sehr spezifisch sind
- die Verfügbarkeit der Farbe für die anderen Wirtschaftsteilnehmer, die Waren oder Dienstleistungen der von der Anmeldung erfassten Art anbieten, nicht ungerechtfertigt beschränkt wird (je mehr Klassen beansprucht werden, desto mehr wiegt das gegen die Eintragung sprechende Allgemeininteresse)
- der Anmelder die Art der beabsichtigten Zeichenverwendung (z.B. vollständige oder teilweise Einfärbung entweder der Ware selbst oder der Verpackung; Verwendung im Zusammenhang mit dem Unternehmensauftritt) bereits bei der Anmeldung klarstellt.

---

b. Hörmarke

Die Legaldefinition des Markengesetzes erkennt – im Gegensatz zu Art. 2 der Markenrechtsrichtlinie – in § 3 Abs. 1 MarkenG auch so genannte Hörzeichen (Tonfolgen) als grundsätzlich markenfähig an. Voraussetzung für die Markenfähigkeit einer Tonfolge ist jedoch – wie allgemein im Bereich des Kennzeichenrechts – dass sie über die erforderliche Unterscheidungseignung verfügt sowie grafisch darstellbar ist. **44**

Derartige akustische Marken können einerseits Töne, Tonfolgen oder ganze Melodien, andererseits Klänge und/oder Geräusche (Donner, Kinderlärm etc.) sein. **45**

Hinsichtlich der Unterscheidungseignung wird eine Hörmarke nur dann als unterscheidungskräftig anzusehen sein, wenn es sich hierbei nicht um eine längere Melodie handelt, denn diese wird regelmäßig nicht als einheitliche Marke aufgefasst werden;[62] die Schutzfähigkeit einer längeren Klangfolge scheint auch markenrechtlich nicht geboten, denn derartige Klangfolgen genießen bereits Schutz nach dem UrhG, so dass eine Notwendigkeit, diesen Schutz auch auf eine markenrechtliche Komponente zu erweitern, grundsätzlich nicht besteht. **46**

Bekannte Hörmarken sind sicherlich der Telekom-Jingle, die Starttöne von Windows Betriebssystemen oder der Werbejingle des Multivitaminsaftes „Sanostol". Diese sowie weitere 258 Hörmarken sind derzeit[63] im deutschen Markenregister eingetragen. Obwohl die Markenrechtsrichtlinie Hörmarken nicht explizit benennt, **47**

---

62 *Fezer*, in: Fezer (Hrsg.), MarkenR, 4. Aufl. 2009, § 3 Rn 594; *Kirschneck*, in: Ströbele/Hacker, MarkenG, 9. Aufl., 2009, Rn 53 zu § 3; *Becker*, WRP 2000, 56, 62.

63 Stand März 2010.

45

erkannte auch der EuGH die Markenfähigkeit von melodischen und amelodischen Hörzeichen im Jahre 2004 an.[64] Seitdem können Hörmarken unproblematisch auch im europäischen Markenregister zur Anmeldung gebracht werden, was die derzeitige Anzahl von 123 europäischen Hörmarken bestätigt.[65]

48 Eine Hörmarke ist aufgrund ihrer nur auditiven Wahrnehmbarkeit allenfalls mittelbar grafisch darstellbar. Dennoch hindert das Erfordernis der grafischen Darstellbarkeit (§ 8 Abs. 1 MarkenG) die Eintragung von Hörmarken nicht (Abb. 6). Vielmehr normiert § 11 der Markenverordnung (MarkenV) genaue Anforderungen daran, wie die (mittelbare) grafische Darstellbarkeit von Hörmarken aus registerrechtlicher Sicht zu gewährleisten ist. Hiernach sind Hörmarken in einer üblichen Notenschrift darzustellen, zudem hat der Anmelder eine klangliche Wiedergabe der Marke auf einem Datenträger einzureichen, dessen Datenträgerformat auf der Internetseite des Deutschen Patent- und Markenamtes (DPMA) bekannt gegeben wird. Zulässige Datenformate sind in jedem Fall das wave-Format (*.wav) und das mp3-Format (*.mp3). Die Abtastfrequenz der klanglichen Wiedergabe muss dabei mindestens 44,1 kHz, die Auflösung mindestens 16 Bit betragen. Gepackte oder komprimierte Daten werden vom DPMA nicht bearbeitet.

49 Dem Anmelder bleibt es überlassen, ob er der Darstellung seiner Hörmarke in der üblichen Notenschrift sowie der klanglichen Wiedergabe auf einem Datenträger zusätzlich noch eine Beschreibung der Marke beifügen möchte.

Hörmarken haben eine besondere Wiedererkennungskraft, was sich gut an der in Abb. 6 dargestellten Hörmarke „Sanostol" festmachen lässt. Singt man die dargestellten Noten mit, wird man sofort wieder an die Werbung aus seiner Jugend erinnert. Dieses Beispiel zeigt, wie effektiv Hörmarken sein können. Erlangen sie den Status eines „Ohrwurmes", sind sie ein wertvoller Begleiter in der Marketingstrategie eines jeden Unternehmens. Die Anforderungen an die Eintragung einer Hörmarke sollten daher jedem anwaltlichen Berater bekannt sein.

---

64 EuGH, Rs. C 283/01, GRUR 2004, 54 – Shield Mark.
65 Stand März 2010.

Hörmarken im deutschen und europäischen Markenregister

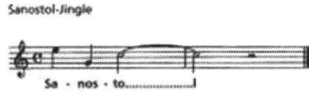

Sanostol-Jingle

Registernummer: DE 39976655

Registernummer: DE 300226357 (Erdinger-Jingle)

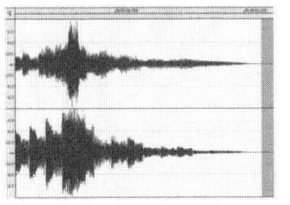

EU-Hörmarke der Sony Corporation
(CTM 008411969)

EU-Hörmarke der Microsoft Corporation
(CTM 007421316)

Hörmarken

c. Geruchs- oder Duftmarke (olfaktorische Marke)

Auch die Eintragung so genannter olfaktorischer Marken ist nach wie vor umstrit- **50**
ten. Anders als beispielsweise im US-amerikanischen Rechtssystem, in welchem
anerkannt ist, dass ein besonderer Duft zur Benutzung als Marke zugelassen werden kann,[66] gehen sowohl der EuGH, als auch das DPMA derzeit davon aus, dass
Geruchsmarken nicht eintragungsfähig sind. Hintergrund ist nicht, dass man der
Geruchsmarke grundsätzlich die Fähigkeit aberkennt, als Marke Schutz zu beanspruchen, sondern vielmehr, die Probleme, die sich stellen, wenn es darum geht,
ein olfaktorisches Zeichen grafisch darzustellen, was nach den Vorgaben des Art. 2
MRL sowie nach Art. 4 GMV eine rechtliche Voraussetzung der Markenfähigkeit
eines Zeichens darstellt und auch im deutschen Markenrecht nach § 8 Abs. 1 MarkenG als zwingende Voraussetzung der Eintragung vorgesehen ist.[67]

Ein Zeichen, das nicht grafisch darstellbar ist, ist nach der Rechtslage des Mar- **51**
kenG, der Markenrechtsrichtlinie und der Gemeinschaftsmarkenverordnung dem-

---

66   US-Supreme Court, GRUR int. 1996, 961 – Qualitex, „Pflaumenblütenaufnähfaden".
67   Hierzu § 4 A.III.

entsprechend nicht als Marke eintragungsfähig. Dieses absolute Eintragungshindernis ist auch nicht durch den Erwerb von Verkehrsdurchsetzung überwindbar.[68]

52 Lässt sich das olfaktorische Zeichen dementsprechend nicht grafisch in einer Weise darstellen, die es ermöglicht, dass der Geruch aus der grafischen Darstellbarkeit wiedererkannt werden kann, scheidet die Eintragung einer olfaktorischen Marke aus. In seiner Entscheidung in Sachen Sieckmann[69] führte der EuGH aus, dass jedenfalls eine chemische Formel keine grafische Darstellung einer Geruchsmarke i.S.d. Art. 2 MRL darstelle, da nur Wenige in einer solchen Formel den fraglichen Geruch wiedererkennen könnten. Eine chemische Formel gebe außerdem nicht den Geruch einer Substanz, sondern die Substanz selbst wieder. Es fehle ihr auch an der nötigen Klarheit und Eindeutigkeit im Sinne einer grafischen Darstellung. Auch die verbale Beschreibung eines Geruches sei zwar eine grafische Darstellung, die aber nicht klar, eindeutig und objektiv genug sei. Eine Hinterlegung einer Geruchsprobe stelle ebenfalls keine **grafische Darstellung** dar; zudem sei die Geruchsprobe nicht dauerhaft zu sichern.

53 Da bei einem olfaktorischen Zeichen weder eine chemische Formel, noch eine Beschreibung in Worten, noch die Hinterlegung einer Geruchsprobe geeignet seien, als solche den Anforderungen an die grafische Darstellbarkeit zu genügen, könne auch die Kombination dieser grafischen Darstellungsmittel diese Erfordernisse, insbesondere die der Klarheit und Eindeutigkeit der grafischen Darstellung, nicht erfüllen.

54 Seitdem ist jeder Versuch der Eintragung einer olfaktorischen Marke im europäischen Markenregister gescheitert. Einen Überblick über die bekannt gewordenen sieben Versuche finden Sie in Abb. 7.

55 Auch in der Bundesrepublik Deutschland waren Versuche, Geruchsmarken zur Eintragung in das Markenregister zu bringen bislang erfolglos.

Gescheiterte Eintragungsversuche für Geruchsmarken im europäischen Markenregister

1. THE TASTE OF ORANGES – CTM 003132404
2. THE SMELL OF VANILLA – CTM 001807353
3. EL OLOR A LIMON – CTM 001807353
4. Der Geruch frischer Erdbeeren – CTM 001122118

---

68 *Fezer*, in: Fezer (Hrsg.), MarkenR, 4. Aufl. 2009, § 3 Rn 374.
69 EuGH, Rs. C-273/00, GRUR 2003, 145 – Sieckmann.

5. Ein auf Amber und Holznoten basierender Duft mit einer Basisnote von Virginiatabak – CTM 000566596

6. Note aus Grasgrün, Zitrusfrüchten (Bergamotte, Zitrone), Blumen (Orangenblüten, Hyazinthe), Rosen, Moschus – CTM 000521914

7. THE SMELL OF FRESH CUT GRASS – CTM 000428870

d. Dreidimensionale Marke

Die Markenfähigkeit von dreidimensionalen Formen ist mittlerweile unbestritten. **56** Sowohl die Markenrichtlinie als auch die parallelen Regelungen in der GmV, wie auch das MarkenG sehen als dreidimensionale Zeichen jedoch nicht nur das produktunabhängige dreidimensionale Zeichen an, sondern in bestimmten Fällen auch die Form des Produktes selbst, wenn sie geeignet ist, als Hinweis auf die Produkte eines bestimmten Unternehmens zu fungieren und die Einschränkungen des § 3 Abs. 2 MarkenG nicht greifen. Dies kann beispielsweise bei der im deutschen Markenregister eingetragenen dreidimensionalen Marke Nummer Nr. DE 30526532 ohne Weiteres angenommen werden; die hier dargestellte Form einer Coca Cola-Glasflasche ist derart einzigartig, dass sie **selbst** als Hinweis auf die durch sie verkörperte Ware (Softdrink) angesehen werden kann. Gleiches gilt für die Form des Sportwagenklassikers Porsche 911 oder die durchaus bekannte Kappe des bei Schülern sehr beliebten „Lamy Füllers", die für Schreibmittel der Warenklasse 16 in das deutsche Markenregister eingetragen ist.

49

Dreidimensionale Marken mit Produktbezug

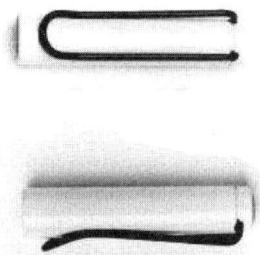

Dreidimensionale Marken

57 Wenn der Anmelder angibt, dass die Marke als dreidimensionale Marke eingetragen werden soll, sind – zur Herstellung der grafischen Darstellbarkeit – vier übereinstimmende zweidimensionale grafische Wiedergaben der Marke beizufügen. Dabei können Darstellungen von bis zu sechs verschiedenen Ansichten eingereicht werden. Soll die Marke in Farbe eingereicht werden, so ist zusätzlich die Farbe in der Anmeldung zu bezeichnen.

58 Für die grafische Wiedergabe sind Lichtbilder oder grafische Strichzeichnungen zu verwenden, die die darzustellende Marke dauerhaft wiedergeben.

59 Mit Blick auf die Vorschrift des § 3 Abs. 2 MarkenG, wonach dem Schutz als Marke solche Zeichen nicht zugängig sind, die ausschließlich aus einer Form bestehen, die durch die Art der Ware selbst bedingt oder zur Erreichung einer technischen Wirkung erforderlich ist oder die der Ware einen wesentlichen Wert verleiht, ist darauf zu achten, dass nur solche produktabhängigen Formen eingetragen werden, die sich nicht als rein funktionale, technisch oder durch die Art der Ware selbstbedingte Gestaltung (beispielsweise der Verpackung eines Produktes) darstellen. Formen, die sich wegen ihres besonderen, ins Auge fallenden Designs deutlich von einer rein funktionalen Gestaltung abheben, sind dementsprechend eintragungsfähig; zwar besitzen auch derartige Verpackungen funktionalen Charakter, ihr Gesamteindruck ist jedoch durch, über die funktionale Formgebung hinausreichende, ästhetische Gesichtspunkte geprägt.[70]

Dieses Erfordernis der Selbstständigkeit der Marke gegenüber dem gekennzeichneten Gegenstand betont auch der BGH in ständiger Rechtsprechung, wenn er ausführt, das Zeichen müsse „zwar nicht physisch, aber doch gedanklich von der Ware abstrahierbar" sein.[71] Zu Eintragungshindernissen dreidimensionaler Marken vergleiche die Abbildung im Anhang.

60

e. Positionsmarke

Unter einer so genannten Positionsmarke versteht man eine besondere Ausgestaltung der Bild- oder der dreidimensionalen Marke die ihre spezifische Aussage nicht allein aus sich heraus, sondern zumindest auch daraus gewinnt, dass sie auf oder an einem Produkt an einer bestimmten Stelle angebracht werden. Der Positionsmarke kommt dann Bedeutung zu, wenn das sie verkörpernde Zeichen für sich genommen nicht markenfähig wäre, beispielsweise, weil es für sich genommen als rein funktionale oder ästhetische Gestaltung wahrgenommen wird. Eine bekannte Positionsmarke stellen beispielsweise das rote Stofffähnchen an der Tasche der Jeans-Hosen der Fa. Levis oder der berühmte „Knopf im Ohr" der Fa. Steiff dar. Derartigen, für sich genommen eigentlich nicht unterscheidungskräftigen Zeichen kann die erforderliche Unterscheidungskraft zugesprochen werden, wenn die nicht unterscheidungskräftigen Bildelemente auf einem bestimmten Warenteil an stets gleichbleibender Stelle in gleicher Form und Größe angebracht sind.[72]

61

---

70 HABM, MarkenR, 1999, 366 – Granini; BGH, MarkenR 2004, 242 – Gabelstapler II; BPatG, MarkenR 2005, 238 – Gabelstapler III.

71 BGH, MarkenR 2004, 242 – Gabelstapler II; BPatG, MarkenR 2005, 238 – Gabelstapler III; siehe auch *Sambuc*, GRUR 2009, 333, 334; *Ohly*, GRUR 2007, 731, 734.

72 BPatG, GRUR 1998, 819 ff. – Jeanstasche mit Ausrufezeichen; BGH, WPR 2008, 831 – Stofffähnchen.

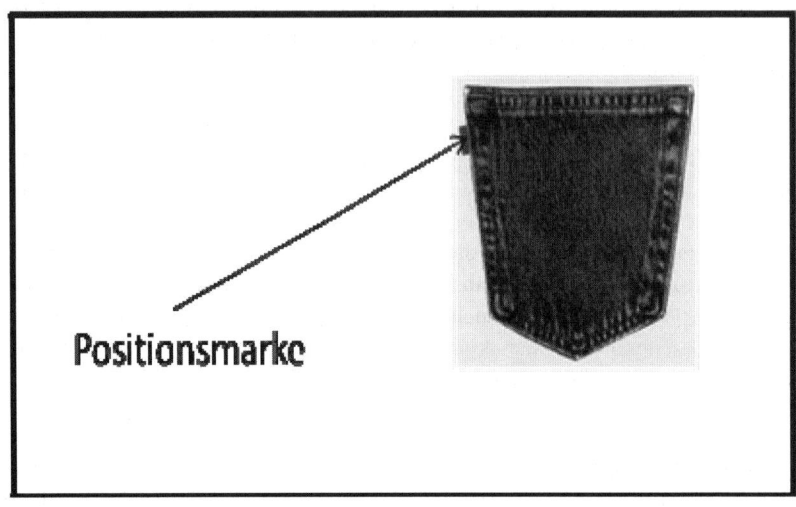

Positionsmarke

62 Die Positionierung muss allerdings im Wege einer Beschreibung festgelegt werden, aus der hervorgeht, dass nicht für die konkrete bildhaft wiedergegebene Aufmachung in ihrer Gesamtheit, sondern nur für das Zeichen in seiner Position Markenschutz begehrt wird. Die nach §§ 12 Abs. 3, 8 Abs. 6, 9 Abs. 5 MarkenV lediglich fakultative Beschreibung ist bei Positionsmarken unerlässlich, weil nur durch sie die erforderliche Schutzbeschränkung auf die Position innerhalb der Ausstattung vorgenommen werden kann.[73] Die Beschreibung kann daher nicht nur als ergänzende Erläuterung angesehen werden, sondern ist vielmehr Bestandteil der grafischen Darstellung i.S.d. § 8 Abs. 2 sowie der Wiedergabe der Marke nach § 32 Abs. 2 Nr. 2 MarkenG. Im Fall von Unklarheiten über den insoweit beanspruchten Schutzgegenstand liegt regelmäßig erst bei entsprechend ergänzten Angaben eine den Anmeldetag begründende Markenwiedergabe nach §§ 32 Abs. 2 Nr. 2, 33 Abs. 1 MarkenG vor.

63 Auch bei einer aus einer bestimmten Positionierung eines Ausstattungsmerkmals auf der Ware bestehenden Marke ist grundsätzlich zu prüfen, ob sie als von Haus aus geeignet angesehen werden kann, die mit ihr gekennzeichneten Waren ihrer betrieblichen Herkunft nach zu unterscheiden (§ 8 Abs. 2 Nr. 1 MarkenG), wobei

---

73 BPatG, Beschl. v. 13.5.2009, 29 W (pat) 147/03 – Marlene Dietrich II; *Bingener*, MarkenR 2004, 377, 379 f.

sich die Kriterien für die Beurteilung der Unterscheidungskraft einer Positionsmarke nicht von denjenigen unterscheiden, die auf andere Kategorien von Marken Anwendung finden.[74]

Wie beispielsweise bei Farb- oder Hörmarken auch, ist daher das Vorliegen von Unterscheidungskraft im Lichte des Allgemeininteresses zu bestimmen. Für kennzeichnungsrechtliche Monopole ist vor diesem Hintergrund nur Raum, soweit diese geeignet sind, dem Verbraucher die Ursprungsidentität der gekennzeichneten Waren zu garantieren und damit die Herkunftsfunktion der Marke zu erfüllen. Es kommt darauf an, ob die Marke aus der Sicht des von den jeweiligen Waren angesprochenen Durchschnittsverbrauchers über technisch-funktionelle oder über die typische Gestaltung der Ware hinausreichende charakteristische Merkmale aufweist, die aus dem verkehrsüblichen Rahmen der Gestaltungsvielfalt auf dem jeweiligen Warengebiet fallen.[75]   **64**

Ob ein derart von der Norm oder Branchenüblichkeit erheblich abweichendes Gestaltungsmerkmal vorliegt ist beispielsweise anhand der Gepflogenheiten der Branche zu bestimmen. Erweist sich die Positionierung des Zeichens danach als sehr gebräuchlich, ist davon auszugehen, dass die angesprochenen Verkehrskreise dem Zeichen rein ästhetische bzw. Dekorationszwecke entnehmen werden, aber keinen betrieblichen Herkunftshinweis.[76]   **65**

f. Bewegungsmarke

Bewegungsmarken zeichnen sich dadurch aus, dass sie für einen bestimmten Bewegungsablauf, etwa eine Folge von bewegten Bildern, Kennzeichenschutz beanspruchen. Der Tonfolge einer Hörmarke vergleichbar, kennzeichnet die Bewegungsmarke eine Bildfolge. Derartige Bewegungsmarken sind bislang nur vereinzelt überhaupt zur Anmeldung, nicht aber zur Eintragung gelangt.   **66**

---

74 EuGH, GRUR 2002, 804 – Philips/Remington.
75 Vgl. EuGH, GRUR 2005, 229 – Flaschenform; BPatG, Beschl. v. 22.6.2005, 26 W (pat) 163/04 – Silberstreifen; BPatG, MarkenR 2009, 569 – Schultütenspitze.
76 BPatG, MarkenR 2009, 569 – Schultütenspitze; BGH, Beschl. v. 5.10.2006 – I ZB 73/05 – Tastmarke; siehe zur vorausgehenden Entscheidung des BPatG, GRUR 2005, 770 auch die Anm. von *Sosnitza*, jurisPR-WettbR 1/2005, Anm. 3.

Bewegungsmarke

67   So hat das HABM den als Marke angemeldeten Bewegungsablauf einer nach vorn und oben verlaufenden Türverschwenkung eines Fahrzeugs („Laborghini") mit Blick darauf die Eintragung versagt, dass sich die Marke in einer charakteristischen mechanischen Bewegung, die einer technischen Funktion einer Autotür gleichkommt erschöpfe und diese daher als „technische Lösungen oder Gebrauchseigenschaften" (Artikel 7 Abs. 1e GMV) vom Markenschutz ausgenommen sei. Ebenso fehle es an der erforderlichen Unterscheidungskraft, da nach oben verschwenkbare Türen eines Autos als charakteristisches Merkmal einer Kategorie von (Sport)Wagen **wahrgenommen werden und nicht als Markenzeichen eines bestimmten** Herstellers dieser Wagen.

g.   Tastmarke

68   Auch ein über den Tastsinn wahrnehmbares Zeichen kann nach der Rechtsprechung des BGH grundsätzlich eine Marke sein. Es ist erforderlich, dass die allgemeinen Voraussetzungen der Markenfähigkeit – wie insbesondere der Grundsatz der Selbstständigkeit der Marke von dem Produkt – erfüllt sind.[77] Auch ein „Tastzeichen" darf, um die Anforderungen an die abstrakte Unterscheidungseignung nach § 3 Abs. 1 MarkenG zu erfüllen, kein funktionell notwendiger Bestandteil der Ware sein, sondern muss über deren Grundform hinausreichende Elemente aufweisen, die zwar nicht physisch, aber doch gedanklich von der Ware abstrahierbar sind und die Identifizierungsfunktion der Marke erfüllen können. Diese Anforderungen können Tastmarken wie dreidimensionale Formmarken grundsätzlich erfül-

---

77   BGH, Beschl. v. 5.10.2006, I ZB 73/05 – Tastmarke.

len, weil sich Elemente oder Eigenschaften einer Gestaltung, deren Wahrnehmung über den Tastsinn als Marke beansprucht werden soll, gedanklich von der Ware selbst abstrahieren lassen.

Für eine den Anforderungen der grafischen Darstellbarkeit i.S.d. § 8 Abs. 1 MarkenG und der Bestimmtheit des Schutzgegenstands genügende Wiedergabe der Tastmarke reicht es aus, wenn der Gegenstand, von dem die wahrnehmbaren Signale ausgehen, die dem Empfänger die Unterscheidung der Herkunft der angemeldeten Waren ermöglichen sollen, hinreichend bestimmt umschrieben wird.   **69**

Wenn der einen bestimmten Wahrnehmungsvorgang auslösende Gegenstand objektiv hinreichend genau bezeichnet ist, bedarf es zur Erreichung dieser Zwecke nicht der Beschreibung weiterer Einzelheiten des Wahrnehmungsvorgangs und insbesondere nicht einer Umschreibung des Wahrnehmungsgeschehens beim Empfänger. Auf das sich beim Empfänger einstellende Ergebnis des Wahrnehmungsvorgangs kommt es vielmehr erst bei der Prüfung an, ob der als Marke beanspruchte, durch Angabe einzelner seiner Eigenschaften objektiv hinreichend bestimmt bezeichnete Gegenstand hinsichtlich der angemeldeten Waren oder Dienstleistungen die Funktion erfüllen kann, als Hinweis auf die Herkunft dieser Waren oder Dienstleistungen aus einem bestimmten Unternehmen zu dienen, also bei der Frage der Unterscheidungskraft i.S.d. § 8 Abs. 2 Nr. 1 MarkenG.   **70**

So kann etwa bei einer Anmeldung, bei der ein Herkunftshinweis durch eine bestimmte, aus Vertiefungen bestehende Oberflächenstruktur eines Gegenstands über den Tastsinn vermittelt werden soll, die Angabe der Größenverhältnisse der Vertiefungen und Erhebungen sowie ihrer Anordnung zueinander ausreichen. Zu beachten ist jedoch auch hier, dass eine besondere Gestaltung der Ware (hier ein zum „Ertasten" bestimmter Gegenstand) vom Verbraucher eher der funktionellen und ästhetischen Ausgestaltung der Ware selbst zugeschrieben wird als der Absicht, auf die Herkunft der Ware hinzuweisen.[78] Etwas anderes kann dann gelten, wenn der Verkehr aufgrund der Kennzeichnungsgewohnheiten auf dem einschlägigen Warengebiet geneigt ist, auch einzelnen Form- bzw. Gestaltungselementen in einer Gesamtaufmachung eine eigenständige Kennzeichnungsfunktion zuzuerkennen. Derartige Kennzeichnungsgewohnheiten sind daher im Rahmen der Markeneintragung ebenfalls darzulegen.   **71**

---

78 Vgl. BGH GRUR 2003, 332, 334 – Abschlussstück; GRUR, 2001, 56, 57 – Likörflasche; *Ströbele*, GRUR 2001, 658, 665 ff.; *Hölk*, in: Festschrift f. Ullmann, 239, 254.

72   Nach der Rechtsprechung des EuGH, an denen sich auch die bundesdeutsche Rechtsprechung orientiert, verlangt das Erfordernis der grafischen Darstellbarkeit (Art. 2 MRRL und § 8 Abs. 1 MarkenG) zwar nicht die grafische Wiedergabe der Marke selbst und kann es genügen, die Marke mit hinreichend eindeutigen Symbolen, insbesondere mit Hilfe von Figuren, Linien oder Schriftzeichen, zu umschreiben, die das Zeichen so wiedergeben, dass es genau identifiziert werden kann. Dies setzt jedoch voraus, dass die (mittelbare) grafische Darstellung klar, eindeutig, in sich abgeschlossen, leicht zugänglich, verständlich, dauerhaft und objektiv ist.

73   Soll das Erfordernis der grafischen Darstellung einer Tastmarke durch die Beschreibung des durch den Tastsinn wahrzunehmenden Gegenstands erfüllt werden, müssen in hinreichender Weise bestimmte Eigenschaften des betreffenden Gegenstands bezeichnet werden, die über den Tastsinn wahrgenommen werden können. Als Mittel der (mittelbaren) grafischen Darstellung kommen dabei beispielsweise Abbildungen oder wörtliche Beschreibungen des Wahrnehmungsgegenstands in Betracht. Auch hinsichtlich der von dem beanspruchten Gegenstand durch den Tastsinn ausgelösten Sinnesempfindungen erscheint es nicht ausgeschlossen, dass sich einzelne haptische Eindrücke durch eine wörtliche Beschreibung ebenso hinreichend klar, eindeutig, in sich abgeschlossen, leicht zugänglich, verständlich, dauerhaft und objektiv grafisch darstellen lassen, wie das bei anderen visuell nicht wahrnehmbaren Zeichen der Fall sein kann. Ferner kann für eine hinreichende grafische Darstellung einer Tastmarke eine Kombination aus einer Abbildung und einer Beschreibung in Betracht kommen. Bildliche Darstellungen, die sich in der Regel auch sprachlich umschreiben lassen, eignen sich zur Ergänzung einer allein nicht ausreichenden wörtlichen Beschreibung, wenn sie zusätzliche Informationen enthalten, die zusammen mit den in der wörtlichen Beschreibung enthaltenen Angaben eine den Anforderungen genügende grafische Darstellung ergeben.

h.   Hologrammmarke

74   Gegenstand einer Hologrammmarke ist ein Bild in dreidimensionaler Struktur, das im Wege der Holografie aufgenommen wird. Im Europäischen Markenregister finden sich derzeit[79] drei in Kraft stehende eingetragene sog. Hologrammmarken.[80] Hinsichtlich der Anmeldungsvoraussetzungen, insbesondere mit Blick auf die grafische Darstellbarkeit gelten die Ausführungen zu den übrigen Markenarten entsprechend.

---

79   Stand März 2010.
80   CTM 001787456; CTM 002117034; CTM 002559144.

C. Entstehung einer Marke

Die Entstehung markenrechtlichen Schutzes ist in § 4 MarkenG geregelt. Hiernach **75** können Marken sowohl durch Eintragung (§ 4 Nr. 1 MarkenG), durch Verkehrsgeltung (§ 4 Nr. 2 MarkenG) als auch aufgrund notorischer Bekanntheit (§ 4 Nr. 3 MarkenG)[81] geschützt sein.

I. Benutzungsmarken, § 4 Nr. 2 MarkenG

Neben der Registermarke ist die sog. Benutzungsmarke eine häufig auftretende **76** Markenform. Ist ein bestimmtes Zeichen abstrakt und konkret[82] markenfähig, kann markenrechtlicher Schutz auch außerhalb des Registers entstehen, wenn die Benutzung des Zeichens zu Verkehrsgeltung[83] geführt hat. Anders als für die Registermarke trifft das MarkenG jedoch keine Regelung im Hinblick auf die Inhaberschaft an einer Benutzungsmarke. *Thun*[84] geht daher davon aus, dass der Erwerb einer Benutzungsmarke jedermann gestattet sei. Überwiegend wird jedoch angenommen, dass auch der Rechtsinhaber einer Marke mit Verkehrsgeltung oder Notorietät markenrechtsfähig i.S.d. § 7 MarkenG sein müsse.[85] Der Gesetzgeber des MarkenG habe die Unterscheidung zwischen Markenrechtsfähigkeit und rechtlicher Zuordnung eines entstehenden Markenrechts verkannt. Die Markenrechtsfähigkeit sei daher analog § 7 MarkenG auch Voraussetzung für den Erwerb eines Markenrechts durch Benutzung und den Erwerb von Verkehrsgeltung i.S.d. § 4 Nr. 2 MarkenG sowie für den Erwerb eines Markenrechts durch notorische Bekanntheit i.S.d. § 4 Nr. 3 MarkenG. Dies erscheint auch konsequent. Denn wäre die Inhaberschaft an einer Benutzungsmarke nicht von den Voraussetzungen des § 7 MarkenG abhängig, könnte es Rechtsinhaber solcher Markenrechte geben, die mangels Markenrechtsfähigkeit i.S.d. § 7 MarkenG die benutzte oder notorisch bekannte Marke nicht zur Eintragung in das Markenregister anmelden und somit an diesen Marken nicht auch ein Markenrecht durch Eintragung erwerben könnten. Zudem spricht der Gleichlauf mit den allgemeinen zivilrechtlichen Vorschriften

---

81 Hierzu bereits oben § 2 G.; weitergehend auch *Becher*, GRUR 1951, 488; *Kur*, GRURInt. 1999, 330, 337 jeweils m.w.N.

82 §§ 8–10 MarkenG, ausführlich hierzu unter § 4 A. IV.

83 Zum Begriff der Verkehrsgeltung BPatG, GRUR 2004, 685 – Lotto.

84 *Thun*, GRUR 1999, 862 (864).

85 *Fezer*, MarkenG, 4. Aufl. 2009, § 7 Rn 8; *ders.*, in: Festschrift f. Boujong, 1996, S. 123 (129); *ders.*, in: Festschrift f. Ulmer, 2003, S. 119 (124).

der Rechtsfähigkeit dafür, auch bei den durch Benutzung erworbenen Marken keine anderen Kriterien anzuwenden.[86]

II. Eingetragene Marken, § 4 Nr. 1 MarkenG

77 Nach § 4 Nr. 1 MarkenG kann originärer Markenschutz durch Eintragung eines Zeichens als Marke in das vom Patentamt geführte Markenregister erlangt werden. Da – anders als für die Entstehung des Schutzes einer Benutzungsmarke – eine markenmäßige Benutzung der einzutragenden Marke – zumindest während der fünfjährigen Benutzungsschonfrist[87] (§§ 25, 26 MarkenG) – keine Eintragungsvoraussetzung darstellt,[88] kommt der erstmaligen Eintragung einer Marke konstitutive,[89] nicht bloß deklaratorische Wirkung zu.[90] Wer Inhaber einer eingetragenen Marke sein kann, bestimmt § 7 MarkenG. Danach können natürliche Personen, juristische Personen und Personengesellschaften, sofern sie mit der Fähigkeit ausgestattet sind, Rechte zu erwerben und Verbindlichkeiten einzugehen (neuerdings auch die Gesellschaften bürgerlichen Rechts),[91] Inhaber einer Registermarke sein. Im Rahmen des Eintragungsverfahrens ist die dermaßen beschriebene Markenrechtsfähigkeit nach § 36 Abs. 1 Nr. 4 MarkenG von Amts wegen zu prüfen.

III. Wirkungen der Eintragung im Markenregister

1. Ausschließlichkeitsrecht, § 14 MarkenG

78 Mit Anmeldung und Eintragung einer eintragungsfähigen Zeichenfolge beim *DPMA* erwirbt der Markeninhaber das alleinige Recht, die Marke für die geschützten Waren oder Dienstleistungen zu nutzen, § 14 Abs. 1 MarkenG. Dementsprechend kann der Markeninhaber gegenüber jedem Dritten, der seine Marke im geschäftlichen Verkehr benutzt, Unterlassungsansprüche durchsetzen. Der Unterlas-

---

86 *Ingerl/Rohnke*, MarkenG, 2. Aufl. 2003, § 7, Rn 6.
87 Hierzu die Ausführungen bei: *Ingerl/Rohnke*, MarkenG, 2. Aufl. 2003, § 26; *Ekey*, in: Ekey/Klippel (Hrsg.), MarkenG, 2009, § 26 MarkenG.
88 Zum Erfordernis einer Benutzungsabsicht, oben Fn 78.
89 Die Eintragung wirkt auch dann konstitutiv, wenn die Marke schon vor der Eintragung benutzt worden und ein Markenrecht nach § 4 Nr. 2 durch den Erwerb von Verkehrsgeltung entstanden ist. Dem Eintragungsverfahren kommt die Aufgabe zu, die Entstehung des Rechts an der eingetragenen Marke zu bewirken. Nach dem Eintragungsprinzip entsteht das Markenrecht durch den registerrechtlichen Akt der Eintragung eines Zeichens als Marke unabhängig von einer Benutzung der Marke im geschäftlichen Verkehr. So auch *Fezer*, MarkenR, 4. Aufl. 2009, § 41 Rn 3.
90 *Ekey*, in: Ekey/Klippel (Hrsg.), MarkenG, 2009, § 4 Rn 14.
91 Vgl. *Kazemi*, Die Registerfähigkeit der Gesellschaft bürgerlichen Rechts, S. 145 ff.

sungsanspruch besteht gem. § 14 Abs. 2 MarkenG verschuldensunabhängig nicht nur dann, wenn der Verletzer ein identisches Zeichen für identische Waren oder Dienstleistungen benutzt, sondern auch in den Fällen, in denen der Verletzer ein ähnliches Zeichen für identische oder ähnliche Waren oder Dienstleistungen verwendet und für den angesprochenen Verkehrskreis die Gefahr von Verwechslungen besteht.[92] Daneben kann der Inhaber einer Marke auch Vernichtungsansprüche nach § 18 MarkenG bzw. Auskunftsansprüche nach § 19 MarkenG und bei Vorliegen einer vorsätzlichen oder fahrlässigen Verletzungshandlung auch Schadensersatzansprüche nach § 14 Abs. 6 u. 7 MarkenG gegenüber dem Verletzer geltend machen.[93] Diese Rechte stehen ihm in den ersten fünf Jahren nach Eintragung auch dann zu, wenn er die Marke selber nicht zur Kennzeichnung einer Ware oder einer Dienstleistung im geschäftlichen Verkehr verwendet. Während der Inhaber einer Benutzungsmarke für die Geltendmachung dieser Ansprüche auf den Nachweis der Verkehrsgeltung angewiesen ist, stehen die Ansprüche dem Inhaber einer Registermarke spätestens mit Eintragung derselben zu; während der fünfjährigen Benutzungsschonfrist sogar ohne dass der Markeninhaber selber eine markenmäßige Benutzung der Marke behaupten müsste.

2. Zeitrang (Prioritätswirkung), § 6 Abs. 1 MarkenG

Auch in Bezug auf Kennzeichenkollisionen entfaltet die Registereintragung[94] Rechtswirkungen. Denn die Entscheidung über eine Kennzeichenkollision bestimmt sich regelmäßig nach dem Grundsatz des Vorrangs des Zeitranges *(Prioritätsprinzip)*. Die Vorschrift des § 6 Abs. 1 MarkenG regelt, dass im Falle des Zusammentreffens von Kennzeichenrechten der Zeitrang nach den Abs. 2 und 3 der Vorschrift zu bestimmen ist, wenn eine Vorschrift des MarkenG für die Bestimmung des Vorrangs der Kennzeichenrechte ihren Zeitrang für maßgeblich erklärt. Nach dem Prioritätsprinzip muss das prioritätsjüngere Kennzeichenrecht dem prioritätsälteren Kennzeichenrecht weichen. Das Kennzeichenrecht an der eingetragenen Marke entsteht konstitutiv durch die Eintragung eines Zeichens als Marke in das vom Patentamt geführte Markenregister. Da nach § 33 Abs. 2 S. 1 MarkenG schon die Anmeldung einer Marke den Anspruch auf Eintragung derselben begründet, wird die angemeldete Marke der eingetragenen Marke hinsichtlich der Priori-

79

---

92 Bislang offen gelassen hat der BGH, ob auch der nicht markenmäßige Gebrauch eines Zeichens Unterlassungsansprüche des Markeninhabers begründet, vgl. BGH, NJW 1998, 3774 (3776) – Les-Paul-Gitarren; hierzu ausführlich, *Berlit*, Das neue Markenrecht, 2008, Rn 241 f.

93 *Ingerl/Rohnke*, MarkenG, 2. Aufl. 2003, § 14 Rn 895 u. § 15 Rn 1 ff.; *Fezer*, MarkenG, 4. Aufl. 2009, § 14 Rn 503 f. mit umfangreichen Nachweisen.

94 Genauer: die Anmeldung der Marke zum Register.

tät gleichgestellt *(Anmeldepriorität).* Das Alter der Anmeldung bestimmt das Alter der Marke. Für angemeldete oder eingetragene Marken gilt die Prioritätsregel des § 6 Abs. 2 MarkenG.[95] Nach dieser Vorschrift bestimmt sich der Zeitrang einer angemeldeten oder eingetragenen Marke nach dem *Anmeldetag.* Dieser ist nach § 33 Abs. 1 MarkenG der Tag des Eingangs der Anmeldeunterlagen i.s.d. § 32 Abs. 2 MarkenG beim Patentamt.

3. Bestandsschutz

80   Dennoch ist der durch die Eintragung vermittelte Schutz nicht umfassend. So kann allein die Eintragung nicht als Garant für den Bestand des Markenrechts angesehen werden. Zum einen ist das Markenrecht nach § 47 Abs. 1 MarkenG zunächst grundsätzlich nur für zehn Jahre geschützt und muss nach Ablauf dieses Zeitraumes durch den Inhaber ggf. verlängert werden. Zum anderen kann die Marke auch von Amts wegen aus dem Register gelöscht werden, wenn sie entgegen § 8 Abs. 2 Nr. 4 bis 9 MarkenG eingetragen worden ist und die in § 50 Abs. 3 MarkenG normierten weiteren Voraussetzungen gegeben sind. Aber nicht nur das *DPMA* kann gegen eine eingetragene Marke vorgehen. Ein wesentliches Merkmal des Markenrechtes ist es nämlich, dass grundsätzlich jedermann im öffentlichen Interesse zur Reinhaltung des Registers berufen ist. Über die als Popularklage ausgestaltete Verfallsklage nach §§ 55, 49 MarkenG kann die Löschung eingetragener Marken im Register erfolgen, wenn diese innerhalb eines ununterbrochenen Zeitraumes von fünf Jahren nicht markenmäßig benutzt worden sind. Hier zeigt sich einmal mehr, dass der Eintragung einer Marke zwar konstitutive Wirkungen zukommen, die Eintragung für den Erhalt des Markenrechts jedoch nicht entscheidend ist. Während im Bereich des Grundstücksrechts die Eintragung bereits Bedingung für den materiellen Rechtserwerb ist und sich an die Eigentümerstellung keine weiteren Voraussetzungen knüpfen, der materiell-rechtliche Eigentümer mithin mit seinem Grundstück grundsätzlich verfahren kann, wie es ihm beliebt, ist der Markeninhaber nach Erlangung seiner formellen Rechtsstellung gezwungen, die mit der Eintragung dokumentierte Rechtsposition dauerhaft dadurch zu sichern, dass er mit der erworbenen Marke auch i.S.d. Markenrechts verfährt. Will er sein Markenrecht nicht verlieren, so ist er gezwungen, die Marke zur Kennzeichnung von Waren oder Dienstleistungen im geschäftlichen Verkehr zu verwenden. Nur unter diesen Voraussetzungen erleichtert die Markenregistereintragung auch die Rechtsdurchsetzung gegenüber Dritten. Sie allein vermittelt jedoch keine verfestigte Rechts-

---

95   Vgl. zur identischen Rechtslage im WZG BGHZ 19, 23 (28) – Magirus; 21, 85 (86) – Spiegel; BGHZ 34, 299 (303) – Almglocke.

position, die darauf schließen lassen könnte, dass das eingetragene Recht tatsächlich besteht oder bereits verfallen ist. Rechte Dritter an der eingetragenen Marke sind anders als Rechte an Grundstücken ebenfalls nicht zwingend im Markenregister auszuweisen,[96] so dass das Markenregister nicht in gleichem Maße wie das Grundbuch eine verfestigte Rechtsposition dokumentiert.

4. Publizitätswirkungen

Dies verdeutlicht auch ein Blick auf die dem Markenregister verliehene Publizität. **81**

Im Rahmen des Grundstückrechts ist bei jeder Grundstücksveräußerung und **82** grundsätzlich auch bei jedem Erwerb eines Rechts an einem Grundstück[97] die Grundbucheintragung als zwingende Erwerbsvoraussetzung vorgeschrieben. Bereits das materielle Grundstücksrecht verhindert damit Erwerbsvorgänge außerhalb des Registers und stellt weitestgehend sicher, dass das Grundbuch stets die aktuellen Rechtsverhältnisse im Liegenschaftsrecht dokumentiert. Dieser durch ein gesteigertes öffentliches Interesse bedingte Umstand wird schließlich auch dadurch garantiert, dass Grundstücksgeschäfte grundsätzlich an strenge Formvorschriften gebunden sind.

Anders verhält es sich im Bereich des Markenrechts. Nach § 27 Abs. 1 MarkenG **83** kann zwar auch das Markenrecht auf andere übertragen werden oder auf andere übergehen. Diese Übertragung ist jedoch weder für das einer Markenübertragung zugrunde liegende Verpflichtungs-[98] noch für das Verfügungsgeschäft[99] einer besonderen Form unterworfen. Anders als der europäische Normgeber (§ 17 Abs. 3 GMV) verzichtete der deutsche Gesetzgeber darauf, für die rechtsgeschäftliche Markenübertragung das Erfordernis der Schriftlichkeit aufzustellen.[100] Es gilt der Grundsatz der Formfreiheit.[101]

---

96 Nach § 29 Abs. 2 MarkenG werden diese nur auf Antrag eines der Beteiligen in das Register eingetragen.

97 Ausgenommen ist freilich der Zweiterwerb einer Briefhypothek.

98 Von der dinglichen Übertragung des Markenrechts ist die schuldrechtliche Verpflichtung zur Übertragung des Markenrechts zu unterscheiden. Bei dem Verpflichtungsgeschäft handelt es sich zumeist um einen Kaufvertrag oder um eine Vereinbarung als Teil eines Unternehmenskaufs; so auch *Fezer*, MarkenR, 4. Aufl. 2009, § 27 Rn 14.

99 Die rechtsgeschäftliche Übertragung des Markenrechts stellt ein *Verfügungsgeschäft* dar. Der Verfügung liegt regelmäßig ein Verpflichtungsgeschäft zugrunde. Nach § 413 BGB ist auf den rechtsgeschäftlichen Übertragungsvorgang einer Marke das Abtretungsrecht der §§ 398 ff. BGB entsprechend anzuwenden.

100 Nach Art. 17 Abs. 3 GMV muss die rechtsgeschäftliche Übertragung der Gemeinschaftsmarke *schriftlich* erfolgen und bedarf der Unterschrift der Vertragsparteien.

101 *Fezer*, MarkenG, 4. Aufl. 2009, § 27 Rn 14.

84   Dieser Grundsatz setzt sich auch im Markenregister fort. Nach § 27 Abs. 3 MarkenG wird der Rechtsübergang nur auf Antrag eines Beteiligten in das Register eingetragen. Die Eintragung ist mithin – anders als im Grundstücksrecht – fakultativ[102] und keine Wirksamkeitsvoraussetzung[103] des Rechtsübergangs.[104] Schon hierin unterscheiden sich Marken- und Grundbuchrecht erheblich, denn der Grundbucheintrag entfaltet für den Rechtserwerb an Grundstücken konstitutive Wirkung, was schon für sich genommen das Grundbuchrecht gegenüber dem materiellen Grundstücksrecht stärkt.

85   Noch deutlicher wird der Unterschied zum Grundbuch, wenn man sich auf das durch das Markenregister verfolgte Schutzinteresse besinnt. Bereits 1929 hat *Ulmer*[105] über die Funktionen des Registers[106] grundlegende Erkenntnisse gewonnen, die für das derzeitige Markenrecht noch immer Geltung beanspruchen. *Ulmer* erkennt das unbestreitbare Bedürfnis nach einer Publizität im Warenzeichenrecht und stellt – unter Berücksichtigung der Reichsgerichts-Rechtsprechung[107] – zu Recht fest, dass der Zeicheneintrag nicht das Vertrauensinteresse, sondern das sog. Rechtssicherheitsinteresse schützt.[108] Die entsprechende Funktion des Registers sei „die einer Verstärkung der Stellung des Eingetragenen, die dieser dem Umstand zuzuschreiben" habe, dass „das öffentliche Interesse dem seinigen parallel geht."[109] Im Warenzeichenrecht komme dies dadurch zum Ausdruck, dass die bloße Eintragung des Zeichens allein kein Garant für das Bestehen eines Markenrechtes darstelle, sondern zugunsten des Rechtsinhabers und im Interesse der Rechtssicherheit lediglich das Bestehen des eingetragenen Rechts ebenso wie die Inhaberschaft des Eingetragenen vermutet werde.[110] Stelle sich jedoch heraus, dass der Inhaber des eingetragenen Zeichens selbiges nicht seiner Funktion entsprechend im geschäftlichen Verkehr benutzt und demnach auch materiell-rechtlich keinen

---

102   *Ingerl/Rohnke*, MarkenG, 2. Aufl. 2003, § 27 Rn 8; *Fezer*, MarkenG, 4. Aufl. 2009, § 27 Rn 20 u. 35; *Ekey/Klippel*, MarkenG, 2009, § 27 Rn 12.
103   So schon die Rechtslage im WZG. Vgl. RGZ 80, 128 – Magnolia; BGH GRUR 1971, 573 (574) – Nocado.
104   Mag die Nichteintragung des Rechtsübergangs auch nach § 28 Abs. 2 MarkenG mit Nachteilen in einem Verfahren vor dem Patentamt, einem Beschwerdeverfahren vor dem BPatG oder einem Rechtsbeschwerdeverfahren vor dem BGH verbunden und der Erwerber daher aus rein tatsächlichen Gründen an einer Eintragung interessiert sein, führt dies dennoch nicht dazu, dass der Eintragung des Rechtsnachfolgers als Markeninhaber konstitutive Wirkung zukommen würde.
105   *E. Ulmer*, Warenzeichen und unlauterer Wettbewerb, 1929, S. 71 ff.
106   Diese Ausführungen beziehen sich freilich auf das WZG.
107   RGZ 80, 128 – Magnolia.
108   *E. Ulmer*, Warenzeichen und unlauterer Wettbewerb, 1929, S. 86 f.
109   *E. Ulmer*, Warenzeichen und unlauterer Wettbewerb, 1929, S. 87.
110   Ebenda.

„Besitzstand für sein Zeichen errungen" hat, könne ihm ein solcher auch nicht durch die Eintragung vermittelt werden. Hier gehe das öffentliche Interesse, nur solche Marken im Register zu belassen, die auch markenmäßig gebraucht werden, gerade nicht mehr mit dem Interesse des Eingetragenen parallel. Die Wirkung des Registereintrages beschränke sich daher auf die Begründung einer Vermutung für den Rechtsbestand der eingetragenen Marke.[111] So werde dem Register die Aufgabe zuteil, demjenigen, der die Eintragung bewirkt hat, die Beweislast für den Rechtsbestand abzunehmen.[112] Eine der Grundbuch- oder Handelsregistereintragung vergleichbare, positive wie negative Publizität zum Schutz des redlichen Rechtsverkehrs komme dem Warenzeichenregister hingegen nicht zu,[113] da sich der Publizitätsgedanke des deutschen Registersystems, der sich in dem Satz „dem Schweigen des Registers darf man trauen" ausdrücke, gerade im Warenzeichenrecht nicht wieder finde.

Allein der von *Ulmer* in diesem Sinne mit „Rechtssicherheitsinteresse" umschriebene Schutzzweck kommt auch dem Markenregister zu. Dies verdeutlicht ein Blick auf die Regelung in § 28 Abs. 1 MarkenG. Hiernach wird lediglich vermutet, dass das durch die Eintragung im Markenregister begründete Recht dem im Register als Inhaber Eingetragenen zusteht. Eine solche Regelung ist aufgrund der mangelnden Eintragungspflicht bei einem Rechtsübergang an einer Marke sinnvoll. Kann es doch – hierdurch bedingt – dazu kommen, dass förmliche (registerrechtliche) Berechtigung und sachliche (materiell-rechtliche) Berechtigung an einer Marke auseinander fallen. Sachlich berechtigt ist der Rechtsinhaber der Marke, dem materiell-rechtlich die Rechte aus der Marke zustehen. Förmlich berechtigt ist der im Register als Inhaber Eingetragene, den der Registereintrag legitimiert, ohne dass ihm materiell-rechtlich die Rechte aus der Marke zustehen müssen. **86**

Zwar fallen formal-rechtlicher Registereintrag und materiell-rechtliche Rechtsinhaberschaft in der Regel zusammen. Doch bedingt allein der Umstand, dass der Registereintrag zeitlich dem Rechtsübergang nachfolgt, dass das Markenregister zeitweilig nicht mit der wahren Rechtslage übereinstimmt. **87**

Zwar besteht grundsätzlich auch die Möglichkeit, dass sich Erwerbsvorgänge an Grundstücken außerhalb des Grundbuchs vollziehen, doch ist dies – anders als im Markenrecht – grundsätzlich nicht vorgesehen. Daher wird im Interesse des Verkehrsschutzes im Grundstücksverkehr zugunsten des gutgläubigen Erwerbers eines **88**

---

111 *E. Ulmer*, Warenzeichen und unlauterer Wettbewerb, 1929, S. 71.
112 Ebenda.
113 *E. Ulmer*, Warenzeichen und unlauterer Wettbewerb, 1929, S. 85.

Rechtes die Richtigkeit und Vollständigkeit des Grundbuchs fingiert. Das Grundbuch schützt, um mit den Worten *Ulmers* zu sprechen, nicht nur das „Rechtssicherheitsinteresse", sondern vor allem das „Vertrauensinteresse". Die besondere Bedeutung des Grundbuchs wird dabei zum einen dadurch unterstrichen, dass der Verkehrsschutz im öffentlichen Interesse an einer Verkehrssicherheit so stark ausgeprägt ist, dass nur positive Kenntnis von der Unrichtigkeit des Grundbuchs genügt, um den gutgläubigen Erwerb auszuschließen. Zum anderen ist § 892 BGB als verobjektivierter[114] Vertrauensschutztatbestand ausgestaltet, der an die Buchlage anknüpft, ohne dass es erforderlich wäre, dass der Begünstigte beweist oder auch nur geltend macht, vom Grundbuchinhalt Kenntnis genommen zu haben.

89   Eine derartig weite Funktion kommt dem Markenregister nicht zu. An die widerlegbare[115] Vermutung des § 28 Abs. 1 MarkenG knüpft sich gerade kein besonderer Vertrauensschutz. Ein gutgläubiger Erwerb der Marke ist, wie bei § 398 BGB generell, nicht möglich, da es an einem eindeutigen Anknüpfungspunkt für den guten Glauben fehlt. Dies ergibt sich bereits aus § 28 MarkenG, der der Registereintragung nur beschränkte Wirkungen zuweist, zu denen gerade nicht die Begründung des öffentlichen Glaubens gehört. Im Hinblick darauf, dass der Rechtsübergang im Register nicht eingetragen sein muss, kann sich auch ein Dritter nicht darauf verlassen, dass das Register den gegenwärtigen Inhaber wiedergibt. Die Registrierung der Marke bildet mithin keine Rechtsscheinbasis für einen Gutglaubenserwerb des Markenrechts.[116]

---

114   *Kössinger*, in: Bamberger/Roth (Hrsg.), BGB, 2010, § 892 Rn 12 f.
115   BGH GRUR 1998, 699 (701) – SAM; GRUR 1999, 498 – Achterdiek.
116   *Fezer*, MarkenG, 4. Aufl. 2009, § 41 Rn 4; *Ingerl/Rohnke*, MarkenG, 2. Aufl. 2003, § 27 Rn 14.

§ 4 Der Weg zur Registermarke

A. Vor dem Gang zum Markenamt

Die anwaltliche Beratungstätigkeit im Rahmen der Unterstützung des Mandanten **1**
bei der Eintragung von Registermarken im deutschen, europäischen oder internationalen Markenregister sollte bereits weit im Vorfeld des eigentlichen Anmelde-
vorganges beginnen. Nur so können etwaige Probleme frühzeitig erkannt, Eintragungshindernisse bereits im Vorfeld beseitigt und die Mandanten bei der eigentlichen „Markenbildung" unterstützt werden. Greift die anwaltliche Beratung erst zu
einem späteren Zeitpunkt, meist erst dann, wenn es um die Eintragung eines bereits „entworfenen" Kennzeichens geht, zeigt die Erfahrung, dass zahlreiche – bei
der Markenbildung und -entwicklung unberatene – Mandanten enttäuscht werden
müssen, weil sie (oftmals unter Einsatz erheblicher finanzieller und auch zeitlicher
Mittel) ein Kennzeichen erarbeitet haben, welchem aus den in diesem Abschnitt zu
erörternden Gesichtspunkten die Eintragung zu versagen sein wird.

Bei der Entwicklung von neuen Kennzeichen kann eben nicht im stillen Kämmer- **2**
lein gearbeitet, sondern sollten neben dem allgemeinen Marktumfeld vor allem
auch die rechtlichen Rahmenbedingungen, die an eine Marke nach den deutschen,
europäischen bzw. internationalen markenrechtlichen Bestimmungen gestellt werden, mit einbezogen werden.

Ein Apfel kann eine Computermarke sein, aber keine Obstmarke; bereits diese – **3**
für den Markenrechtler selbstverständliche – Aussage trifft bei vielen Mandanten
auf Unverständnis. Dies hängt nicht selten daran, dass eine genaue Vorstellung davon, welche Funktion einer Marke im rechtlichen Sinne zukommt nicht vorhanden
ist. Allzu schnell werden daher Grafikagenturen oder Freunde und Bekannte mit
der Kreation eines vermeintlich aussagekräftigen Zeichens befasst oder wird der
Mandant selber mehr oder minder kreativ tätig. Ist die Kreativitätsphase erst einmal abgeschlossen, wird es schwierig, dem Mandanten zu erklären, dass die Marke, an die er bereits „sein Herz verloren hat" zwar schön aussieht, als Marke im
rechtlichen Sinne jedoch nicht geeignet ist. Sicherlich, was liegt näher, als in die
Marke eines Obst- und Gemüseladens einen Apfel zu integrieren, um dem angesprochenen Kundenkreis sofort zu vermitteln, was angeboten wird. Hier aber liegt
zugleich der Kern des Problems. Was die angebotene Ware glatt beschreibt, kann
grundsätzlich nicht auch dazu dienen, das hinter dem Warenangebot stehende Unternehmen zu identifizieren. Es ist jedoch gerade die Herkunftsfunktion, die die
Marke als Kennzeichen ausmacht (§ 3 Abs. 1 MarkenG).

Damit die Marke diese Aufgabe erfüllen kann, muss sie Gewähr dafür bieten, dass alle Waren oder Dienstleistungen, die mit ihr versehen sind, unter Kontrolle eines einzigen Unternehmens hergestellt oder erbracht worden sind, das für ihre Qualität verantwortlich gemacht werden kann. Zur Bestimmung des Schutzinhaltes des ausschließlichen Rechts des Markeninhabers ist dementsprechend die Hauptfunktion der Marke (Ursprungsidentität) ebenso zu berücksichtigen, wie der Marke gegebenenfalls entgegen stehende Rechte Dritter.

I. Registerfähigkeit (§ 7 MarkenG) – Wer will die Marke schützen?

4   Wer Anmelder und damit Inhaber einer Registermarke sein kann, bestimmt für die deutsche Marke § 7 MarkenG, für die Gemeinschaftsmarke finden sich Regelungen in Art. 5 Abs. 1 GMV.

5   Nach § 7 MarkenG können neben natürlichen Personen, auch juristische Personen oder Personengesellschaften Inhaber von eingetragenen und angemeldeten Marken sein. § 7 MarkenG regelt die Markenrechtsfähigkeit dabei in Übereinstimmung mit der Rechtsfähigkeit des bürgerlichen Rechts. Die Vorschrift stellt keine qualifizierten Anforderungen an die Markenrechtsfähigkeit gegenüber der Fähigkeit, Inhaber von sonstigen Rechten zu sein,[1] sondern regelt lediglich entsprechend der Rechtsfähigkeit bürgerlichen Rechts (§§ 1, 21 BGB) allgemein, wer Inhaber eines Markenrechts sein kann.

6   Die Markenrechtsfähigkeit natürlicher und juristischer Personen bereitet dabei die geringsten Schwierigkeiten. Bei einer natürlichen Person ist nach den Vorgaben der Markenverordnung (§ 5 Abs. 1 Nr. 1 und 3, Abs. 4 MarkenV) im Rahmen der Markenanmeldung der Vor- und Familienname oder – sollte die Marke für eine Einzelfirma eingetragen werden – die Firma, wie sie im Handelsregister eingetragen ist, anzugeben. Bei juristischen Personen ist neben dem Namen der Person mit üblicher Abkürzung der Rechtsform, zum Beispiel AG, GmbH, S.A., Ltd. usw., der Name in der registrierten Form und die vollständige Anschrift des Hauptsitzes mit Staatenangabe im Rahmen der Markenanmeldung anzugeben (§ 5 Abs. 1 Nr. 2, Nr. 3, Abs. 4 MarkenV).

7   Lange Zeit umstritten war hingegen die Markenrechtsfähigkeit der GbR. Dies war zum Einen dadurch begründet, dass der Gesetzgeber in seiner Begründung zu § 7 Nr. 3 MarkenG[2] als mögliche Personengesellschaften, die Inhaber einer Marke

---

1   *Ingerl/Rohnke*, MarkenG, 2. Aufl. 2003, § 7 Rn 1.
2   BT-Drucks 12/6581, S. 69.

sein können, explizit auf die Personenhandelsgesellschaften (OHG und KG) verwiesen hatte. Zum Anderen beruhte der Ausschluss der GbR von der Eintragung als Rechtsinhaberin in das Markenregister auf der früheren allgemeinen Auffassung, dass die GbR, die an sich die Grundform jeder Personengesellschaft darstellt, als solche keine Rechte erwerben konnte. Als Folge der Anerkennung der Rechtsfähigkeit der GbR im Jahre 2001 durch den BGH änderte auch das DPMA seine bis dahin ablehnende Haltung gegenüber der Eintragung von Marken für GbRs und ließ in einer Mitteilung vom 13.12.2004[3] mitteilen, dass das DPMA in Zukunft die Schutzrechts-, Anmelde- und Registerfähigkeit der GbR als Teilnehmerin am Rechtsverkehr anerkenne.

Seitdem gilt auch die GbR als markenrechtsfähig; sie kann dementsprechend als Inhaber einer deutschen Registermarke fungieren. Meldet eine GbR eine Marke an, muss außer dem Namen der GbR mindestens ein vertretungsberechtigter Gesellschafter mit Namen und Anschrift benannt werden (Markenanmeldungsrichtlinie Ziff. IV.4.1.).   **8**

Auch Vorgesellschaften, wie beispielsweise die GmbH i.G., sind grundsätzlich markenfähig. Beansprucht eine derartige Vorgesellschaft die Inhaberschaft einer Marke ist sie gehalten, ihrer Markenanmeldung eine (unbeglaubigte) Abschrift des notariellen Gesellschaftsvertrages beizufügen. Nach der Eintragung ins Handelsregister empfiehlt es sich unter Beifügung eines unbeglaubigten Handelsregisterauszuges dann die Umschreibung der Anmeldung der GmbH zu beantragen.   **9**

II. Erstellung des Waren- und Dienstleistungsverzeichnisses – Was soll die Marke schützen?

Die Hauptfunktion der Marke liegt darin, dem Verbraucher oder Endabnehmer die Ursprungsidentität der mit ihr versehenen Waren oder Dienstleistungen zu garantieren, in dem ihm ermöglicht wird, diese Waren oder Dienstleistungen ohne Verwechslungsgefahr von Waren oder Dienstleistungen anderer Herkunft zu unterscheiden. Eine Marke steht dementsprechend stets für die Waren und/oder Dienstleistungen einer bestimmten Person. Im Rahmen der Markeneintragung erlangt dementsprechend das Waren- und Dienstleistungsverzeichnis, welches bestimmt, für welche Waren und Dienstleistungen die Marke eingetragen werden soll, entscheidende Bedeutung. Mangelhafte Verzeichnisse sind auch der häufigste Grund   **10**

---

3 DPMA-Mitteilung Nr. 4/05 des Präsidenten des DPMA über die Schutzrechts-, Anmelde- und Registerfähigkeit der GbR vom 13.12.2004.

für Beanstandungen der Anmeldung durch das Markenamt. Ein ordnungsgemäß abgefasstes Waren- und Dienstleistungsverzeichnis ist daher wichtige Voraussetzung für ein zügiges Eintragungsverfahren; seiner Erstellung sollte besondere Beachtung geschenkt werden.

11 Zunächst ist dabei festzulegen, für welchen Bereich (hauptsächlich Waren oder hauptsächlich Dienstleistungen) das einzutragende Kennzeichen eingesetzt werden soll. Dieser Punkt muss daher mit dem Mandanten vor Erstellung des Waren- und Dienstleistungsverzeichnisses ausführlich erörtert werden. Was plant der Mandant mit der Marke? Welche Produkte möchte er unter der Marke anbieten? Soll die Marke eine bestimmte Dienstleistung als vom Markeninhaber erbracht identifizieren? Kennzeichnet die Marke ein breites Produktportfolio oder lediglich eine ganz bestimmte Ware oder Dienstleistung des Mandanten?

12 Angaben zum Verzeichnis der Waren und Dienstleistungen, für die der Markenschutz beansprucht wird, gehören nach § 32 Abs. 2 Nr. 3 MarkenG zu den Mindesterfordernissen der Markenanmeldung. Die Anforderungen an das Verzeichnis werden in der MarkenV in den §§ 19 ff. näher erläutert, wobei sich die Klassifizierung der Waren und Dienstleistungen nach der in Anlage 1 zur MarkenV enthaltenen Klasseneinteilung von Waren und Dienstleistungen richtet.

13 Die Waren und Dienstleistungen, für die die Marke Schutz beanspruchen soll, sind so zu bezeichnen, dass die Klassifizierung jeder einzelnen Ware oder Dienstleistung in eine Klasse der Klasseneinteilung nach § 19 Abs. 1 MarkenV möglich ist. Dabei sollen die Bezeichnungen der Klasseneinteilung der Anlage 1 zur MarkenV sowie die Begriffe der in den Anlagen 2 und 3 zur MarkenV enthaltenen alphabetischen Liste der Waren und Dienstleistungen verwendet werden, um die Eintragung zu erleichtern. Dabei ist eine so genannte Leitklasse festzulegen, dies ist die Klasse, auf der der Schwerpunkt der Anmeldung liegt. Zwar ist das DPMA insoweit an eine Angabe des Anmelders nicht gebunden, dennoch zeigt die Erfahrung, dass sich das DPMA an den Leitklassenvorschlag des Anmelders hält. Der Leitklassenvorschlag entscheidet sodann über die Markenstelle beim DPMA, die die Anmeldung bearbeitet.

14 Soll also beispielsweise eine Marke für einen niedergelassenen Mediziner eingetragen werden, wird in aller Regel die Dienstleistungsklasse 44 (medizinische und veterinärmedizinische Dienstleistungen) die Leitklasse bilden. Diese Klasse enthält im Wesentlichen die ärztliche Pflege, Gesundheits- und Schönheitspflege für Menschen und Tiere, aber beispielsweise auch (was auf den ersten Blick nicht besonders einleuchtend erscheint) die Dienstleistungen im Bereich der Landwirtschaft, des Gartenbaus und der Forstwirtschaft.

Innerhalb der Dienstleistungsklasse 44 lassen sich die Dienstleistungen eines Arztes, die er über seine Marke gegenüber den Dienstleistungen anderer Ärzte unterscheidbar und identifizierbar machen möchte, darstellen. **15**

Es stellt sich sodann die Frage, welche anderen Waren- oder Dienstleistungsklassen für eine derartige Markenanmeldung in Betracht kommen. Sicherlich könnte man argumentieren, dass zumindest während der fünfjährigen Benutzungsschonfrist nicht entscheidend ist, ob die Marke in anderen Klassen auch tatsächlich benutzt wird, um dem Ausschließlichkeitsschutz des § 14 MarkenG zu unterfallen und auf Grundlage des § 9 MarkenG Dritte von der Registrierung gleicher oder ähnlicher Marken für gleiche oder ähnliche Dienstleistungs- und Warenklassen abzuhalten, doch kann nicht unberücksichtigt bleiben, dass nach Ablauf der fünfjährigen Benutzungsschonfrist gerade das Ausschließlichkeitsrecht, welches die Marke verleiht, entscheidend davon abhängt, ob die Marke auch rechtserhaltend benutzt worden ist. Nur eine derartige (rechtserhaltende) Benutzung der Marke in den für sie eingetragenen Waren- und Dienstleistungsklassen rechtfertigt es, Dritte auch über die fünfjährige Benutzungsschonfrist hinaus, von der Verwendung gleicher oder ähnlicher Marken abzuhalten. **16**

In diesem Zusammenhang ist entscheidend, welche Anforderungen an eine rechtserhaltende Benutzung in den einzelnen Waren- und Dienstleistungsklassen durch das Gesetz bzw. die Rechtsprechung gestellt werden. Nur anhand dieser Benutzungsvoraussetzungen kann schließlich belastbar beurteilt werden, für welche weiteren Waren- und Dienstleistungsklassen eine Marke angemeldet werden sollte. **17**

Im Rahmen des hiesigen Werkes können sicherlich nicht alle Benutzungsanforderungen für die insgesamt 45 Waren- und Dienstleistungsklassen skizziert werden, dennoch sollen nachfolgend einige – aus Sicht des Verfassers maßgebliche und immer wieder angemeldete – Klassen und Probleme näher erläutert werden. **18**

1. Wie finde ich die richtige Waren- oder Dienstleistungsklasse?

Bevor auf die einzelnen Warenklassen eingegangen wird, soll zunächst geklärt werden, welche Möglichkeiten sich bieten, um nach Waren- und Dienstleistungsbegriffen zu recherchieren, die für eine Markenanmeldung in Betracht kommen. **19**

Angenommen, Sie beraten ein Unternehmen aus dem Bereich der neuen Medien, welches im Internet eine Plattform betreiben möchte, auf der neben dem Warenangebot des Unternehmens selbst auch Dritte die Möglichkeit haben sollen, Waren und/oder Dienstleistungen anzubieten bzw. diese zu bewerben. Zusätzlich berichtet Ihr Mandant darüber, dass er auch plane, redaktionelle Inhalte auf der Internetplatt- **20** form zu etablieren und dass diese neben der Onlinepublikation gegebenenfalls auch als klassische Druckwerke erscheinen sollen.

21 Ausgehend von dieser Information fragt sich nun, für welche Waren- und Dienstleistungsklassen die vom Mandanten gewählte Bezeichnung angemeldet werden sollte. Hierbei hilft Ihnen die vom DPMA angebotene Suche innerhalb der Nizzaklassifikationsdatenbank, die das DPMA im Internet frei zugänglich vorhält.[4]

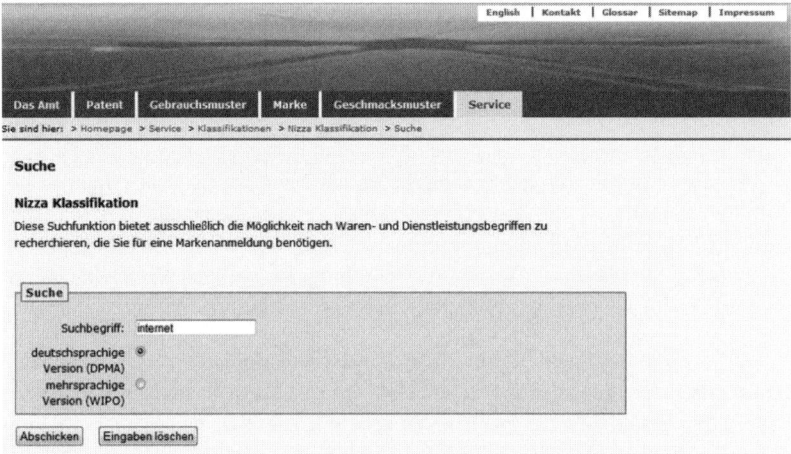

22 Mit den durch den Mandanten bekannt gegebenen Informationen kann in der Datenbank nach möglichen Waren- und Dienstleistungsbegriffen gesucht werden. Als erste verwertbare Information kann sicherlich herangezogen werden, dass der Mandant plant im „Internet" tätig zu werden. Es empfiehlt sich also zunächst, diesen Oberbegriff im Rahmen der Suche nach den möglichen Waren- und Dienstleistungsbegriffen und auch den dazugehörigen Klassen nutzbar zu machen.

---

4   Http://www.dpma.de/service/klassifikationen/nizzaklassifikation/suche/suchen.html.

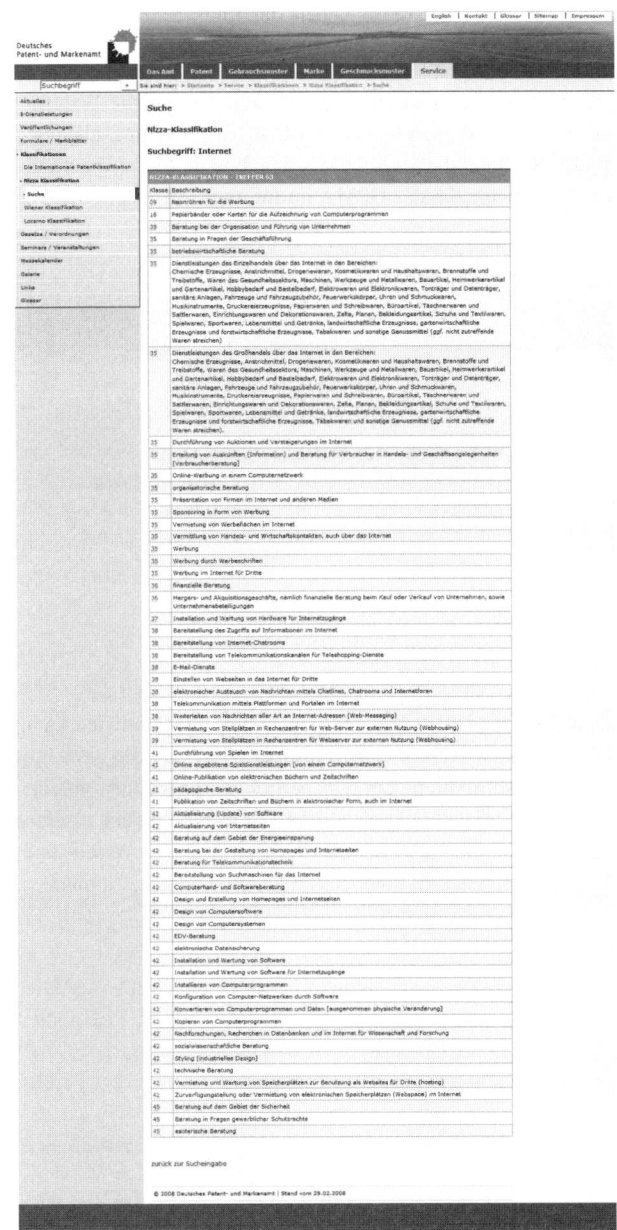

23   Der Suchbegriff Internet liefert Ihnen 63 Treffer aus insgesamt zehn verschiedenen Waren- und Dienstleistungsklassen. Die Trefferliste bietet Ihnen also die Möglichkeit, sich einen schnellen Überblick über die Dienstleistungs- und Warenklassen zu verschaffen, die im weitesten Sinne etwas mit dem „Internet"-Geschäft zu tun haben. Aus dieser Liste können bereits wertvolle Informationen in Bezug auf die zukünftige Markenanmeldung gewonnen werden. Zunächst ist festzustellen, dass die Warenklasse 09 (Neonröhren für die Werbung) offensichtlich für die Markenanmeldung Ihres Mandanten ebenso keine Rolle spielt, wie die übrigen ersten acht Ergebnisse in den Klassen 16 und 35.

24   Da der Mandant jedoch darüber berichtet hat, er wolle seine Internetplattform auch dritten Unternehmen zum Zwecke des Angebotes von Waren- und Dienstleistungen sowie deren Bewerbung zur Verfügung stellen, wird die Warenklasse 35 dennoch nicht unberücksichtigt bleiben können. Hier findet sich der Dienstleistungsbegriff „Präsentation von Firmen im Internet und anderer Medien", genauso wie der Dienstleistungsbegriff „Online-Werbung in einem Computernetzwerk" bzw. „Vermietung von Werbeflächen im Internet", die die von Ihrem Mandanten unter der auserkorenen Marke zu erbringenden Dienstleistungen bereits relativ treffend umschreiben. Die Warenklasse 35 und die vorzitierten Dienstleistungsbeschreibungen sollten daher in die Markenanmeldung mit aufgenommen werden.

25   Des Weiteren scheint auch die Warenklasse 38 für das Projekt Ihres Mandanten entscheidend, soweit es hier um die „Bereitstellung des Zugriffes auf Informationen im Internet" geht. Auch die Warenklasse 42 könnte einschlägig sein, soweit zum Zwecke des Produktverkaufes Dritter auf der Internetplattform des Mandanten Speicherplatz zur Verfügung gestellt werden muss („Zur Verfügungstellung oder Vermietung von elektronischen Speicherplätzen (Webspace) im Internet").

26   Wir können also festhalten, dass bereits die Suche mit dem Oberbegriff „Internet" das Ergebnis gebracht hat, dass für die Markenanmeldung des Mandanten zumindest die Klassen 35, 38 und 42 in Betracht kommen.

27   Die Ergebnisse zum Oberbegriff „Internet" liefern jedoch kein umfassendes Bild von der Tätigkeit, die Ihnen Ihr Mandant beschrieben hat. In einem weiteren Schritt ist die bisherige Suche daher zu präzisieren. Konzentrieren wir uns dabei zunächst auf die Dienstleistungen, die Ihr Mandant Dritten gegenüber anbieten möchte.

28   Hier geht es im Wesentlichen darum, Dritten Werbefläche zu vermieten bzw. diesen eine Verkaufsplattform im Internet anzubieten. Suchen Sie also nach dem Begriff der „Werbung".

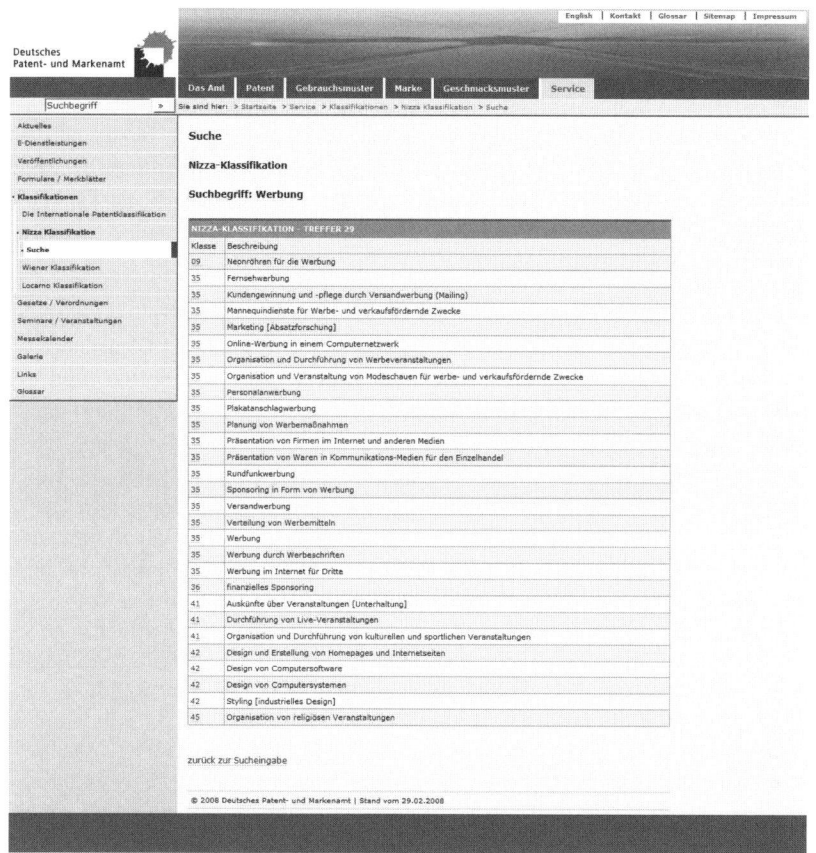

Dieser Oberbegriff liefert Ihnen 29 Treffer in nur noch sechs verschiedenen Waren- **29**
und Dienstleistungsklassen, angefangen bei der Klasse 9 bis hin zur Klasse 45.
Auch im Rahmen dieser Ergebnisliste sind jedoch wiederum viele der Treffer für
das Vorhaben Ihres Mandanten unbeachtlich. Interessant erscheint aber wiederum
die Klasse 35 und die hier aufgeführten Dienstleistungsbeschreibungen, beispielsweise die „Werbung im Internet für Dritte" oder „Die Präsentation von Firmen im
Internet und anderen Medien". Für das Vorhaben Ihres Mandanten ebenfalls interessant scheint die Klasse 42, soweit es um „Design und Erstellung von Homepages und Internetseiten" geht.

Wenden wir uns jetzt dem „redaktionellen" Teil des Vorhabens Ihres Mandanten **30**
zu. Er möchte die Nutzer seiner Internetplattform über bestimmte (freilich nicht

näher definierte) Inhalte informieren und diese gegebenenfalls auch als klassische „Druckwerke" verlegen.

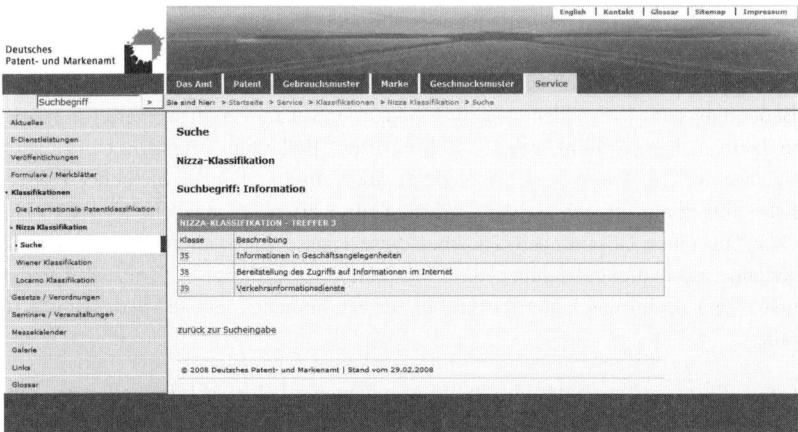

31 Die Suche nach dem Oberbegriff „Information" liefert Ihnen drei Treffer in drei verschiedenen Klassen, von denen die Klasse 38 „Bereitstellung des Zugriffes auf Informationen im Internet" jedenfalls einen Teil der durch den Mandanten angebotenen Dienstleistungen widerspiegelt. Da er ebenfalls plant, seine Informationen auch „offline" zu verlegen, bietet es sich darüber hinaus an, das „Verlagswesen" oder genereller den „Verlag" in die Suche mit einzubeziehen.

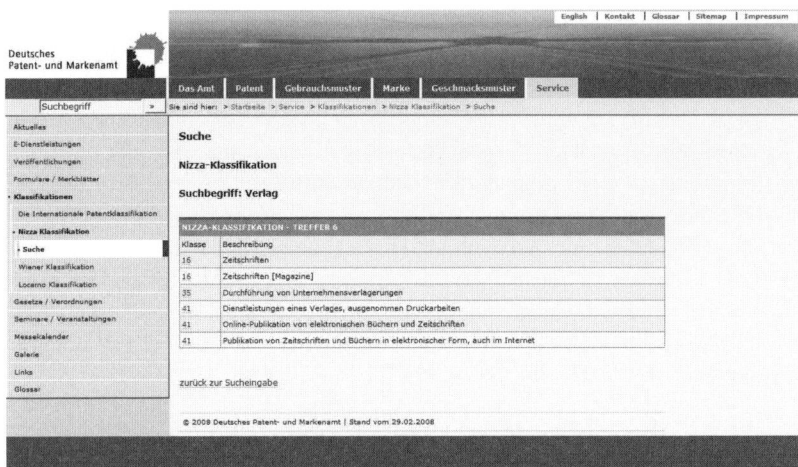

Die Suche nach dem spezielleren Begriff Verlagswesen liefert Ihnen Informationen dahingehend, dass die Klasse 41 sicherlich im Rahmen der Markenanmeldung Ihres Mandanten Bedeutung erlangen wird, sowohl die „Dienstleistung eines Verlages, ausgenommen Druckarbeiten", „Onlinepublikation von elektronischen Büchern und Zeitschriften" und die „Publikation von Zeitschriften und Büchern in elektronischer Form, auch im Internet" können für Ihren Mandanten durchaus von Bedeutung sein. Je nachdem was Ihr Mandant im Einzelnen offline verlegen möchte, kann auch die Warenklasse 16 „Zeitschriften" Bedeutung erlangen. Um zu verifizieren, welche Waren diese Warenklasse noch umfasst, können Sie in der Trefferliste einfach auf die neben dem Begriff „Zeitschriften" angegebene Klasse 16 klicken, um einen Gesamtüberblick über diese Klasse zu erhalten. Hier finden Sie sodann Informationen darüber, dass beispielsweise „Bücher", „Druckereierzeugnisse" und „Lehr- und Unterrichtsmittel, ausgenommen Apparate" in die Klasse 16 fallen.

32

Unter Zugrundelegung der von Ihrem Mandanten erhaltenen Informationen, wäre dementsprechend die Anmeldung der Marke in den Klassen 16, 35, 38, 41 und gegebenenfalls 42 in Betracht zu ziehen. Je nachdem, welche eigenen oder fremden Waren Ihr Mandant über die Internetplattform, die über das Markenzeichen geschützt werden soll, vertreiben möchte, könnten weitere Warenklassen, die das jeweilige Produkt widerspiegeln, in Betracht kommen.

33

Ein nur auf Basis der bisherigen Information zu erstellendes Waren- und Dienstleistungsverzeichnis könnte in etwa wie folgt aussehen:

34

[1] Kazemi&Lennartz Rechtsanwälte, Rheinalle 27, 53173 Bonn

[2] **Klassenverzeichnis zur „Markenform"**

Abbildung / Wiedergabe der Marke

Anmelder: Name & Anschrift des Mandant

Klasse 16:
Druckereierzeugnisse; Bücher; Zeitschriften.

Klasse 35:
Online-Werbung in einem Computernetzwerk; Präsentation von Firmen im Internet und anderen Medien; Präsentation von Waren in Kommunikations-Medien für den Einzelhandel; Werbung im Internet für Dritte; Vermietung von Werbeflächen im Internet; **Dienstleistungen des Einzelhandels** [3] über das Internet in den Bereichen: Chemische Erzeugnisse, Anstrichmittel, Drogeriewaren, Kosmetikwaren und Haushaltswaren, Brennstoffe und Treibstoffe, Waren des Gesundheitssektors, Maschinen, Werkzeuge und Metallwaren, Bauartikel, Heimwerkerartikel und Gartenartikel, Hobbybedarf und Bastelbedarf, Elektrowaren und Elektronikwaren, Tonträger und Datenträger, sanitäre Anlagen, Fahrzeuge und Fahrzeugzubehör, Feuerwerkskörper, Uhren und Schmuckwaren, Musikinstrumente, Druckereierzeugnisse, Papierwaren und Schreibwaren, Büroartikel, Täschnerwaren und Sattlerwaren, Einrichtungswaren und Dekorationswaren, Zelte, Planen, Bekleidungsartikel, Schuhe und Textilwaren, Spielwaren, Sportwaren, Lebensmittel und Getränke, landwirtschaftliche Erzeugnisse, gartenwirtschaftliche Erzeugnisse und forstwirtschaftliche Erzeugnisse, Tabakwaren und sonstige Genussmittel (*ggf. nicht zutreffende Waren streichen*)

[4] **Klasse 38:**
Bereitstellung des Zugriffs auf Informationen im Internet; Einstellen von Webseiten in das Internet für Dritte.

Klasse 41:
Bereitstellen von elektronischen Publikationen; Dienstleistungen eines Verlages, ausgenommen Druckarbeiten; Dienstleistungen eines Verlages, ausgenommen Druckarbeiten; Publikation von Zeitschriften und Büchern in elektronischer Form, auch im Internet; ~~Online-Publikation von elektronischen Büchern und Zeitschriften~~ [5].

Klasse 42:
Design und Erstellung von Homepages und Internetseiten; Zurverfügungstellung oder Vermietung von elektronischen Speicherplätzen (Webspace) im Internet.

---

[1] Vertreterangabe.
[2] Das Verzeichnis der Waren und Dienstleistungen ist in Schriftgrad 11 Punkt und mit einem Zeilenabstand von 1½ abzufassen. Es ist in doppelter Ausfertigung einzureichen, soweit es der Anmeldung als Anlage beigefügt ist.
[3] Dienstleistungen des Einzelhandels sind seit der Entscheidung EuGH, GRUR 2005, 764, Rn. 26 ff. Einzelhandelsdienstleistungen in Klasse 35, wie angegeben darstellbar: Dies war zuvor heftig umstritten; hierzu: BPatG, GRUR 2003, 157; 158 – Smartweb; BPatG, GRUR 2003, 152 ff. – Einzelhandelsdienstleistungen; Grabucker, GRUR 2001, 623, 624.
[4] Die ersten drei Klassen sind von der zu entrichtenden Anmeldegebühr von 300,00 € (Gebührennummer: 331 100) umfasst, für jede weitere Klasse erhöht sich die an das DPMA zu zahlende Gebühr um 100,00 € (Gebührennummer: 331 300). Für eine sog. beschleunigte Prüfung (§ 38 MarkenG) werden weitere 200,00 € fällig (Gebührennummer: 331 500).
[5] Sofern es bei den Dienstleistungs- oder Warenbegriffen Überschneidungen gibt, muss eine passende Formulierung ausgewählt werden. Doppelnennungen wie etwa „Publikation von Zeitschriften und Büchern in elektronischer Form, auch im Internet; Online-Publikation von elektronischen Büchern und Zeitschriften" sind überflüssig und werden vom Prüfer gestrichen.

2. Verwendung von Oberbegriffen im Waren- und Dienstleistungsverzeichnis

35 Im Rahmen der Erstellung des Waren- und Dienstleistungsverzeichnisses ist schließlich zu entscheiden, ob Oberbegriffe oder nähere Konkretisierungen in das Dienstleistungsverzeichnis aufgenommen werden. Dies ist eine Frage der Anmeldestrategie. Möchte der Markenanmelder sich einen weiten Handlungsspielraum erhalten, ist die Verwendung von Oberbegriffen regelmäßig sinnvoller als die Eintragung von einzelnen Konkretisierungen. Hinsichtlich der Schutzfähigkeit der Marke (in Bezug auf absolute Eintragungshindernisse) ist bei der Verwendung von Oberbegriffen jedoch zu bedenken, dass ein Zeichen bereits dann von der Eintragung ausgeschlossen ist, wenn es für eine spezielle, unter den Oberbegriff fallende Einzelware schutzunfähig ist. Dies hat der BGH beispielsweise in Bezug auf die

Marke „Fußball WM 2006"[5] angenommen. Des Weiteren kann die Marke in Bezug auf das Vorliegen relativer Schutzhindernisse bereits dann umfassend gelöscht werden, wenn für einzelne, vom Oberbegriff umfasste Waren oder Dienstleistungen die Voraussetzung der Verwechslungsgefahr erfüllt sind.[6] Bei der Verwendung von Oberbegriffen kann es schließlich Schwierigkeiten in Bezug auf den nach § 26 MarkenG gegebenenfalls erforderlichen Benutzungsnachweis geben, da die Benutzung für eine Einzelware in der Regel nicht zur Glaubhaftmachung der Benutzung für den gesamten Oberbegriff ausreichend ist.[7]

3. Dienstleistungsklasse 35 (Werbung, Geschäftsführung, Unternehmensverwaltung und Büroarbeiten)

Die Klasse 35 umfasst nach den erläuternden Anmerkungen der Nizzaklassifikation im Wesentlichen Dienstleistungen, die von Personen oder Organisationen erbracht werden, deren Haupttätigkeit die Hilfe beim Betrieb oder der Leitung eines Unternehmens oder die Hilfe bei der Durchführung von Geschäften oder Handelsverrichtungen eines Industrie- oder Handelsunternehmens ist, sowie Dienstleistungen von Werbeunternehmen, die sich in Bezug auf alle Arten von Waren oder Dienstleistungen hauptsächlich mit Mitteilungen an die Öffentlichkeit und mit Erklärungen und Anzeigen durch alle Mittel der Verbreitung befassen. **36**

Diese Klasse ist für den Markenanmelder vordergründig immer deshalb interessant, weil sie den Oberbegriff „Werbung" enthält und deshalb für nahezu jeden Anmelder im Rahmen der Anmeldung interessant scheint, denn unter seiner Marke möchte nahezu jeder Anmelder auch „Werbung" betreiben. Ein derartiges Verständnis des markenrechtlichen Dienstleistungsbegriffes „Werbung" ist jedoch verfehlt. I.S.d. markenrechtlichen Dienstleistungsbegriffes umfasst „Werbung" alle Beratungs-, Mitteilungs-, Konzeptions-, Gestaltungs- und Realisationsleistungen, die von **Werbeunternehmen** – in erster Linie **Werbeagenturen** – gegen Entgelt im Kundenauftrag **für Dritte** auf dem Gebiet der Werbung erbracht werden.[8] Damit ist der markenrechtliche Dienstleistungsbegriff „Werbung" nicht mit dem wettbewerbsrechtlichen Begriff der „Werbung" zu vergleichen, er umfasst insbesondere nicht die Werbung für das eigene Unternehmen.[9] **37**

---

5 BGH, GRUR 2006, 850 – Fußball WM 2006.
6 BGH, GRUR 2005, 326, 327 – ile padrone/Il Portone.
7 OLG München, GRUR-RR 2008, 300 – Oddset die Sportwette.
8 OLG Frankfurt, Urt. v. 9.11.2006, 6 U 18/06 = GRUR-RR 2007, 277.
9 OLG Frankfurt, Urt. v. 9.11.2006, 6 U 18/06 = GRUR-RR 2007, 277.

38   Die Werbung für das eigene Unternehmen stellt sich dementsprechend vor dem Hintergrund des § 26 MarkenG als so genannte „unselbstständige Nebenleistung" dar. Entnimmt der Verkehr aus der Kennzeichnung der betreffenden Dienstleistung (beispielsweise die Veranstaltung von Messen) mit der Marke einen auf diese Dienstleistung bezogenen Herkunftshinweis, so erfüllt die Marke (auch) im Hinblick auf die betreffende Dienstleistung den Zweck, die Dienstleistung des Zeicheninhabers von den Dienstleistungen anderer Unternehmen zu unterscheiden. Diesen Unterscheidungszweck kann die Marke hingegen nicht erfüllen, wenn sich die Unterscheidungsfrage mangels einer Selbstständigkeit der Dienstleistung gar nicht stellt, weil eine von der Herkunft der Hauptleistung unterschiedliche Herkunft der betreffenden Dienstleistung nicht in Betracht kommt. Sollen dementsprechend keine Werbeaktivitäten für Dritte entfaltet werden, empfiehlt es sich, von der Eintragung der Klasse 35 in Bezug auf den Begriff der „Werbung" Abstand zu nehmen. Die Bewerbung der eigenen Waren oder Dienstleistungen fällt nämlich als wirtschaftlich unselbstständige Hilfsdienstleistung bereits unter den Schutzbereich der eigentlichen Waren- oder Dienstleistungsmarke.

4. Schutzerstreckung einer Dienstleistungsmarke auch auf Merchandiseprodukte?

39   Kugelschreiber, Spielkarten, Bekleidungsstücke oder Einkaufswagenchips sind beliebte Werbemittel. Es fragt sich aber, ob selbst dann, wenn der Markeninhaber beabsichtigt, derartige Merchandiseartikel zur Bewerbung seiner mit der Marke bezeichneten Produkte oder Dienstleistung zu verwenden, die Erstreckung der Marke auch auf die Klassen der jeweiligen Merchandiseprodukte angezeigt ist.

40   Mit dieser Frage hatte sich das OLG München im Jahre 2008 zu beschäftigen.[10] Für den Freistaat Bayern war im Jahre 2004, die Wort-/Bildmarke, Registernr. 39961101.0 „Oddset – die Sportwette" für verschiedene Waren der Klassen 16, 18, 21, 24 sowie 28 eingetragen worden. Der Freistaat Bayern beanspruchte dabei insbesondere auch Schutz für Fahrzeuge, Kugelschreiber, Spielkarten und Bekleidungsstücke. Nach den Feststellungen des OLG München hatte der Freistaat Bayern in der Folge auch eine Vielzahl der vorgenannten Produkte mit seiner Marke versehen und an Endabnehmer verbreitet. Dennoch kam das OLG München zu dem Ergebnis, dass die Marke „Oddset – die Sportwette" für die vorgenannten Produkte nicht rechtserhaltend genutzt worden war und deshalb zu löschen sei.

---

10   OLG München, GRUR-RR 2008, 300 – Oddset die Sportwette.

Das OLG führt in diesem Zusammenhang aus, dass die Anbringung der Marke auf **41** den Merchandiseartikeln keine rechtserhaltende, funktionsgerechte Benutzungshandlung im Sinne von § 26 MarkenG darstellte. Denn, mit dem Vertrieb derartiger Produkte verfolgte der Freistaat Bayern im Wesentlichen nicht das Ziel, Marktanteile für die durch die Marke geschützten Waren zu behalten oder zu gewinnen; vielmehr verfolgte er mit dem Inverkehrbringen der betreffenden Waren im Wesentlichen das Ziel, für seine Dienstleistung „Veranstaltung der Sportwette Oddset" zu werben. Der angesprochene Verkehr verstehe – so das OLG München – die mit dieser Marke versehenen Waren, beispielsweise Fahrzeuge, Kugelschreiber, Spielkarten oder T-Shirts, lediglich als Werbemittel für die Dienstleistung „Veranstaltung der Sportwette Oddset", nicht aber als zeichenmäßigen Hinweis auf die Herkunft der so bezeichneten Waren aus einem bestimmten Unternehmen, etwa demjenigen, das die Sportwette Oddset veranstaltet. Die Annahme, der Freistaat Bayern betätige sich mit den mit der Marke versehenen Waren nicht nur als Werber für Sportwetten, sondern auch als Anbieter oder auch nur als Produktverantwortlicher für die Waren selbst, läge fern.

Verfolgt der Markeninhaber dementsprechend mit dem Inverkehrbringen von Merchandiseartikeln im Wesentlichen nicht das Ziel, Markenanteile für diese Artikel **42** zu behalten oder zu gewinnen, sondern im Wesentlichen das Ziel, für die unter der Marke angebotene Dienstleistung zu werben, scheidet eine rechtserhaltende Benutzung i.S.d. § 26 MarkenG aus. Die Erwägungen des OLG München zeigen, dass es in aller Regel nicht sinnvoll sein wird, Markenanmeldungen (für Dienstleistungsmarken) auch auf Merchandiseprodukte zu erstrecken. Hiervon sollte daher eher abgesehen werden.

5. Zu den Anforderungen an die rechtserhaltende Benutzung einer Dienstleistungsmarke

Der Bestand von Registermarken hängt, will man nicht ihren Verfall (§ 49 MarkenG) riskieren, davon ab, dass der Markeninhaber seine Marke (nach Ablauf der **43** fünfjährigen Benutzungsschonfrist) rechtserhaltend benutzt. Erforderlich für die rechtserhaltende Benutzung ist, dass die Marke im Inland ernsthaft für die Waren oder Dienstleistungen, für die sie eingetragen ist, benutzt worden ist. Die Benutzung muss dabei grundsätzlich „als Marke" erfolgen. Für die angesprochenen Verkehrskreise muss sich dementsprechend aus der Benutzung eine Beziehung zwischen Marke und gekennzeichnetem Gegenstand (Produkt oder Dienstleistung) ergeben, die der Funktion der Marke entspricht. Der EuGH hat zum Erfordernis der ernsthaften Benutzung festgestellt, dass hiermit verlangt werde, dass die Marke

„so wie sie in dem fraglichen Gebiet geschützt ist, öffentlich und nach außen benutzt wird, um den Waren oder Dienstleistungen, die sie bezeichnet, Absatz zu verschaffen".[11]

44 Eine Benutzungshandlung ist nur dann als ernsthaft anzusehen, wenn sie nach Art, Umfang und Dauer dem Zweck des Benutzungszwanges entspricht, die Geltendmachung bloß formaler Markenrechte zu verhindern. Die Anforderung an Art, Umfang und Dauer der Benutzung sind dabei am Maßstab des jeweils verkehrsüblichen und wirtschaftlichen Angebrachten zu messen.[12]

45 Die Frage, was unter einer Benutzung i.S.d. § 26 MarkenG zu verstehen ist, hat der Gesetzgeber der Rechtsprechung überlassen. Das Gesetz konkretisiert lediglich die Anforderungen an die Benutzung dahingehend, dass diese „ernsthaft" zu erfolgen hat.

46 Bei Warenmarken ist diese ernsthafte Benutzung relativ einfach herzustellen, in dem die Marke auf der Ware angebracht wird. Bei einer Dienstleistungsmarke erfordert die Beurteilung der Frage, ob sie rechtserhaltend genutzt worden ist, aber eine besondere Betrachtung, weil bei ihr, anders als bei einer Warenmarke, eine körperliche Verbindung zwischen der Marke und dem Produkt nicht möglich ist. Als Benutzungshandlungen i.S.d. § 26 MarkenG kommen bei ihr daher – nach Rechtsprechung des BGH – grundsätzlich nur die Anbringung der Marke am Geschäftslokal sowie eine Benutzung auf Gegenständen in Betracht, die bei der Erbringung der Dienstleistung zum Einsatz gelangen, wie insbesondere auf der Berufskleidung, auf Geschäftsbriefen und Papieren, Prospekten, Preislisten, Rechnungen, Ankündigungen und Werbedrucksachen.[13] Voraussetzung ist dabei, dass der Verkehr die konkrete Benutzung des Zeichens zumindest auch als Herkunftshinweis versteht; er muss erkennen können, dass mit der Verwendung der Bezeichnung nicht nur der Geschäftsbetrieb benannt, sondern auch eine Leistung bezeichnet wird, die aus ihm stammt. Des Weiteren muss sich die Benutzung auf eine **bestimmte Dienstleistung** beziehen. Dies setzt voraus, dass der Verkehr ersehen kann, auf welche konkrete Dienstleistung sich der Kennzeichengebrauch bezieht. So kann zum Beispiel die Anbringung einer Dienstleistungsmarke an einem Geschäftslokal im Einzelfall ausreichend sein, um eine rechtserhaltende Benutzung

11 EuGH, Urt. v. 12.3.2003, T-174/01 – Silk Concoon.
12 BGH, WRP 2003, 1439 – Kellogg's/Kelly's.
13 BGH, GRUR 1985, 41, 43 – REHAB; BGH, WRP 2008, 802, 803 ff. – AKZENTA; BPatGE 40, 192, 198 – AIG; *Ströbele*, in: Ströbele/Hacker, MarkenG, 9. Aufl. 2009, § 26 Rn 35; *Ingerl/Rohnke*, MarkenG, 2. Aufl., 2003, § 26 Rn 58; *Lange*, Marken- und Kennzeichenrecht, 2006, Rn 794; *Hackbarth*, Grundfragen des Benutzungszwanges im Gemeinschaftsmarkenrecht, 1993, 250 ff.

nachzuweisen, doch kann dies nicht in gleichem Maße Geltung beanspruchen, wenn das Unternehmen neben der Dienstleistung, für die die Marke Schutz beansprucht, zahlreiche weitere unterschiedliche Dienstleistungen anbietet.[14]

III. Wiedergabe der Marke

Im Rahmen der Markenanmeldung hat der Markenanmelder die anzumeldende Marke wiederzugeben, dies bereitet bei Bild- und Wortmarken (oder Kombinationen hieraus) keinerlei Probleme. Die Wiedergabe der Marke kann jedoch bei den „neuen" Markenformen[15] erhebliche Schwierigkeiten bereiten, die sich aus dem Bestimmtheitserfordernis sowie dem Erfordernis der grafischen Darstellbarkeit aus § 8 MarkenG ergeben.   **47**

Die Bedeutung des Bestimmtheitserfordernisses wie des Erfordernisses der grafischen Darstellbarkeit i.S.d. § 8 Abs. 1 MarkenG liegt darin, im Eintragungsverfahren der Beurteilung der Marke eine festgelegte Form zugrunde legen zu können, die Eintragung ins Register überhaupt zu ermöglichen und die Eintragung im Interesse der Allgemeinheit zur Unterrichtung über den Bestand an geschützten Marken und ihren jeweiligen Schutzbereich zu veröffentlichen.[16] Für eine den Anforderungen der grafischen Darstellbarkeit i.S.d. § 8 Abs. 1 MarkenG und der Bestimmtheit des Schutzgegenstands genügende Wiedergabe der Marke reicht es aus, wenn der Gegenstand, von dem die wahrnehmbaren Signale ausgehen und die dem Empfänger die Unterscheidung der Herkunft der angemeldeten Waren ermöglichen sollen, hinreichend bestimmt umschrieben wird.   **48**

So kann unter Umständen genügen, die Marke mit hinreichend eindeutigen Symbolen, insbesondere mit Hilfe von Figuren, Linien oder Schriftzeichen, zu umschreiben, die das Zeichen so wiedergeben, dass es genau identifiziert werden kann. Das setzt jedoch voraus, dass die (mittelbare) grafische Darstellung klar, eindeutig, in sich abgeschlossen, leicht zugänglich, verständlich, dauerhaft und objektiv ist.[17] Diese vom Europäischen Gerichtshof bei Hör- und Riechmarken aufgestellten Anforderungen gelten grundsätzlich für alle „neuen" Markenformen, die   **49**

---

14 *Heil/Ströbele*, GRUR 1979, 127, 129; Bergmann, MarkenR, 2009, 1, 5; *Ströbele*, in: Ströbele/Hacker (Hrsg.), MarkenG, 9. Aufl., 2009, § 26 Rn 36.

15 Hierzu im Einzelnen § 2 IV.4.

16 Vgl. EuGH, GRUR 2003, 145 Rn 47–51 – Sieckmann; EuGH, GRUR 2004, 858, 859 – Heidelberger Bauchemie; BGH, GRUR 1999, 730, 731 – Farbmarke magenta/grau; BGH, GRUR 2001, 1154 – Farbmarke violettfarben; BGH, GRUR 2002, 427, 428 – Farbmarke gelb/grün I).

17 EuGH, GRUR 2003, 145 Rn 52–55 – Sieckmann; EuGH, GRUR 2004, 54 Rn 55 – Shield Mark/Kist.

ebenfalls nicht unmittelbar grafisch darstellbar sind, wegen der vergleichbaren Sachlage entsprechend.

50   Als Mittel der (mittelbaren) grafischen Darstellung kommen beispielsweise Abbildungen oder wörtliche Beschreibungen des Wahrnehmungsgegenstands in Betracht. Aber auch hinsichtlich der von dem beanspruchten Gegenstand beim Betrachter ausgelösten Sinnesempfindungen erscheint es nicht ausgeschlossen, dass sich einzelne Eindrücke durch eine wörtliche Beschreibung ebenso hinreichend klar, eindeutig, in sich abgeschlossen, leicht zugänglich, verständlich, dauerhaft und objektiv grafisch darstellen lassen, wie das bei anderen visuell nicht wahrnehmbaren Zeichen der Fall sein kann.[18]

51   Was im Einzelfall ausreichend ist, bestimmt sich nach den durch die Rechtsprechung für die jeweilige Markenform aufgestellten Bestimmtheitskriterien.[19]

IV. Absolute Schutzhindernisse – Welche Anforderungen werden an das Markenzeichen gestellt?

52   Im Rahmen des Eintragungsverfahrens prüfen sowohl das HABM (für die CTM) als auch das DPMA (für DE-Marken) nur das Vorliegen der sog. absoluten Eintragungshindernisse (Art. 7 GMV bzw. § 8 MarkenG). Neben dem unter III. dargestellten Erfordernis der grafischen Darstellbarkeit sind Marken auch dann von der Eintragung ausgeschlossen, wenn ihnen nachfolgende Gesichtspunkte entgegenstehen.

1. Fehlen jeglicher Unterscheidungskraft für die Waren oder Dienstleistungen, § 8 Abs. 2 Nr. 1 MarkenG, Art. 7 Abs. 1b) GMV

53   Unterscheidungskraft im Sinne der Vorschriften des § 8 Abs. 2 Nr. 1 MarkenG bzw. des Art. 7 Abs. 1b) GMV ist im Hinblick auf die Hauptfunktion der Marke, die Ursprungsidentität der gekennzeichneten Waren oder Dienstleistungen zu gewährleisten, die einer Marke innewohnende (konkrete) Eignung, vom Verkehr als Unterscheidungsmittel für die von der Marke erfassten Waren oder Dienstleistungen ei-

---

18   Vgl. zur Darstellung eines Klangzeichens mittels einer Beschreibung durch Schriftsprache oder durch ein in Takte gegliedertes Notensystem EuGH, GRUR 2004, 54 Rn 59, 62 – Shield Mark/ Kist.

19   Hierzu im Einzelnen § 2 IV.4.

nes Unternehmens gegenüber solchen anderer Unternehmen aufgefasst zu werden.[20]

Die Unterscheidungskraft ist zum einen im Hinblick auf die angemeldeten Dienstleistungen und zum anderen im Hinblick auf die beteiligten Verkehrskreise zu beurteilen, wobei auf die mutmaßliche Wahrnehmung eines normal informierten, angemessen aufmerksamen und verständigen Durchschnittsabnehmers der fraglichen Produkte abzustellen ist.   **54**

Keine Unterscheidungskraft besitzen nach der Rechtsprechung vor allem solche Zeichen, denen die angesprochenen Verkehrskreise für die fraglichen Waren oder Dienstleistungen lediglich einen im Vordergrund stehenden beschreibenden Begriffsinhalt zuordnen.[21]

Hierbei ist grundsätzlich von einem großzügigen Maßstab auszugehen, da der Verkehr ein als Marke verwendetes Zeichen in aller Regel so aufnimmt, wie es ihm entgegentritt, und es keiner analysierenden Betrachtungsweise unterzieht.[22]   **55**

Das Schutzhindernis des § 8 Abs. 2 Nr. 1 MarkenG bzw. des Art. 7 Abs. 1b) GMV kommt dementsprechend zumeist bei Wortmarken oder Wort-/Bildmarkenkombinationen zum Tragen. Letztere sind dann nur an Ihrem Wortbestandteil zu bewerten, wenn es sich bei der grafischen Ausgestaltung des Kombinationszeichens um eine einfache und allgemein übliche handelt.[23]   **56**

Kann einer Wort(/Bild)marke kein für die in Frage stehenden Waren/Dienstleistungen im Vordergrund stehender beschreibender Begriffsinhalt zugeordnet werden und handelt es sich auch sonst nicht um ein gebräuchliches Wort der deutschen oder einer bekannten Fremdsprache, das nur als solches und nicht als Unterscheidungsmittel verstanden wird, so gibt es keinen tatsächlichen Anhalt dafür, dass einem als Marke verwendeten Wortzeichen die vorerwähnte Unterscheidungseignung und damit die Unterscheidungskraft fehlt. Bei einer aus mehreren Wörtern bestehenden Marke ist auf die Bezeichnung in ihrer Gesamtheit abzustellen.[24]   **57**

---

20 St. Rspr., vgl. nur BGH, GRUR 2003, 1050 – Cityservice; EuGH, GRUR 2004, 674 – Postkantoor.
21 EuGH, GRUR 2004, 674, 678 – Postkantoor.
22 BGH, GRUR 1995, 408, 409 – PROTECH.
23 BGH, GRUR 2001, 1153 – antiKALK; BPatG, Beschl. v. 19.1.2010, 27 W (pat) 110/09 – it.mta; *Ströbele/Hacker*, MarkenG, 9. Aufl., § 8 Rn 127; BGH, GRUR 2003, 963, 965 – AntiVir/AntiVirus.
24 BGH, GRUR 2001, 162 – RATIONAL SOFTWARE CORPORATION.

Wortfolgen sind dann nicht unterscheidungskräftig, wenn es sich um beschreibende Angaben oder um Anpreisungen und Werbeaussagen allgemeiner Art handelt.[25]

58 **Unterscheidungskraft** im vorgenannten Sinne wurde **abgelehnt**, beispielsweise für:

- *„WildStar-Freunde Rhein-Main"*:[26] Die angemeldete Marke „WildStar-Freunde Rhein-Main" bringt in verständlicher Weise zum Ausdruck, dass die streitgegenständlichen Dienstleistungen „Veranstaltung von Reisen und Ausflugsfahrten, insbesondere mit Motorrädern; Ausbildung; Unterhaltung; sportliche und kulturelle Aktivitäten" von einer Personengruppe aus dem Rhein-Main-Gebiet angeboten werden, welche Fans des „WildStar"-Motorrades sind bzw. es sich um Dienstleistungen handelt, die für Motorradliebhaber dieses Motorradtyps im Rhein-Main-Gebiet bestimmt sind. Daher fehlt der Marke die erforderliche Unterscheidungskraft.

- *„Passion"*:[27] Die inländischen Verkehrskreise verstehen das Wort „Passion" im passenden Kontext auch in der Bedeutung „Leidenschaft". Das Wort ist so aus Wendungen, wie „Musik ist ihre Passion" oder „Sie ist eine passionierte Köchin" bekannt. Im Zusammenhang mit Spielen entnimmt das Publikum der angemeldeten Marke keinen Herkunftshinweis, sondern die Aussage, dass das Spiel leidenschaftlich gespielt werde. Auch im Zusammenhang mit der Dienstleistung Werbung ist von fehlender Unterscheidungskraft auszugehen, weil es sich bei „Passion" um ein gebräuchliches Wort handelt, das die Verbraucher, etwa wegen einer entsprechenden Verwendung in Slogans wie „X ist unsere Passion" o.ä., stets nur als solches und nicht als Unterscheidungsmittel verstehen.

- *„Kraftmeier"*[28] in Bezug auf technische Geräte und Dienstleistungen als sachbezogene werbliche Anpreisung

- *club-ebook.de*:[29] Die angemeldete Zeichenfolge wird nur als Hinweis auf eine Internetadresse verstanden, unter der elektronische Bücher in der bereits für das Printformat bekannten und üblichen Form eines Clubs angeboten werden.

59 Ebenfalls problematisch sind Abbildungen der Ware selbst in Bild- und dreidimensionalen Marken.

---

25 BGH, BlPMZ 2000, 161 – Radio von hier; BGH, GRUR 1995, 408, 409 – PROTECH; BGH, BlPMZ 1999, 256 – PREMIERE I.

26 BPatG, Beschl. v. 11.1.2010, 27 W (pat) 86/09 – WildStar-Freunde Rhein-Main.

27 BPatG, Beschl. v. 18.11.2009, 27 W (pat) 178/09 – Passion.

28 BPatG, Beschl. v. 10.11.2009, 24 W (pat) 90/08 – Kraftmeier.

29 BPatG, Beschl. v. 27.10.2009, 27 W (pat) 180/09 – club-ebook.de.

Hier wurde **Unterscheidungskraft** beispielsweise **verneint** für:

- „*Bonbonform*" (als Dreidimensionale Marke) (BPatG, Beschl. v. 14.1.2010, 25 W (pat) 7/09 – Bonbonform): Bonbons werden seit jeher nicht nur in den verschiedensten Geschmacksrichtungen, sondern auch in einer kaum überschaubaren Formen- und Farbenvielfalt angeboten. Es lässt sich nicht feststellen, dass der Verkehr auf dem vorliegenden Warengebiet daran gewöhnt ist, mit der Form der Ware eine bestimmte Herkunftsvorstellung zu verbinden.

- „*ROCHER-Kugel*" (als dreidimensionale Marke) (BGH, GRUR 2010, 138 – ROCHER-Kugel): Bei dreidimensionalen Marken, die die Form der Ware darstellen, ist trotz Anlegung eines großzügigen Prüfungsmaßstabs davon auszugehen, dass solchen Marken die erforderliche (konkrete) Unterscheidungskraft im Allgemeinen fehlt. Die dreidimensionale naturgetreue Wiedergabe eines der Gattung nach im Warenverzeichnis genannten Erzeugnisses ist häufig nicht geeignet, die Ware ihrer Herkunft nach zu individualisieren. Mit der Kugelform greift die Marke eine geometrische Grundform auf, die bei Pralinen vielfach eingesetzt werde.

- Bildmarke (BPatG, Beschl. v. 17.6.2009, 29 W (pat) 22/08) für Waren der Klasse 16 (Blöcke, Papier) Bei dem angemeldeten Zeichen handelt es sich um die abstrakte Aufmachung von Blöcken, Büchern und Heften. Diese Art der Aufmachung findet sich beispielsweise auf Schnellheftern, Klemmmappen, Klemmbrettmappen, Ringbüchern, Heften und Blöcken.

2. Beschreibende Marken, § 8 Abs. 2 Nr. 2 MarkenG bzw. Art. 7 Abs. 1c) GMV

Nach § 8 Abs. 2 Nr. 2 MarkenG bzw. Art. 7 Abs. 1c) GMV sind weiterhin solche **60** Marken von der Eintragung ausgeschlossen, die ausschließlich aus Zeichen oder Angaben bestehen, die im Verkehr zur Bezeichnung der Art, der Beschaffenheit, der Menge, der Bestimmung, des Wertes, der geographischen Herkunft, der Zeit der Herstellung der Waren oder der Erbringung der Dienstleistungen oder zur Bezeichnung sonstiger Merkmale der Waren oder Dienstleistungen dienen können. Beschreibende Marken wie z.B. „gefriergetrocknet", „vakuumverpackt", „super Luxus", „hustenheilend" etc. sind damit von der Eintragung nach § 8 Abs. 2 Nr. 2 MarkenG bzw. Art. 7 Abs. 1c) GMV ausgeschlossen.

61   § 8 Abs. 2 Nr. 2 MarkenG liegt der Gedanke zu Grunde, dass solche Marken von der Eintragung in das Markenregister ausgeschlossen sein sollen an deren Benutzung ein Freihaltebedürfnis im Allgemeininteresse besteht. Die Vorschrift trägt dabei dem Gedanken Rechnung, eine Monopolisierung beschreibender Angaben zugunsten eines Markeninhabers zu verhindern, und zu gewährleisten, dass beschreibende Angaben von allen Mitbewerbern frei verwendet werden können.

62   Der BGH verlangt für die Anwendbarkeit des § 8 Abs. 2 Nr. 2 einen sog. unmittelbaren Produktbezug der Marke zur Ware oder Dienstleistung, für die sie eingetragen werden soll. Beschreibt eine einzutragende Marke daher nicht die Art, die Beschaffenheit, die Menge, die Bestimmung, den Wert, die geografische Herkunft, die Zeit der Herstellung oder sonstige Merkmale der der Anmeldung zugrunde liegenden Waren selbst, sondern könnte mit diesen Merkmalen nur mittelbar in Beziehung stehen, darf die Anmeldung daher nicht wegen eines Freihaltebedürfnisses an der beschreibenden Angabe i.S.v. § 8 Abs. 2 Nr. 2 zurückgewiesen werden. Ein Wort beschreibt unmittelbar betreffende Umstände der Ware aber nur dann, wenn der Begriff des Markenwortes hinreichend eng mit der Ware selbst in Beziehung steht und so ein enger Zusammenhang des Begriffs mit den Merkmalen der Ware besteht.

63

JURnal

Dies zeigt der Fall der Marke „JURnal"[30] der Hans Soldan GmbH, die für "Druckereierzeugnisse, nämlich juristische Fachzeitschriften" beim DPMA unter der Registernummer 30255908 eingetragen ist. Die Markenstelle des DPMA hatte die Anmeldung noch mit der Begründung zurück gewiesen, dass der aus dem französischen stammende, in den deutschen Sprachgebrauch eingegangene Begriff „Journal" in seiner Wortbedeutung eine Tageszeitung oder eine bebilderte Zeitschrift unterhaltenden oder informierenden Inhalts beschreibe und zudem freihaltebedürftig sei, weswegen eine Eintragung nach § 8 Abs. 1 Nr. 1 u. 2 MarkenG nicht in Betracht komme. Diese Ansicht teilte das BPatG nicht. Die Prüfung der Unterscheidungskraft sei vorliegend vielmehr mit Blick auf die konkrete Ware und den sehr eingeschränkten Verkehrskreis, nämlich ein Fachpublikum von rechtskundigen Käufern und Lesern juristischer Fachzeitschriften vorzunehmen. Das Zeichen in seiner Gesamtheit wird vom angesprochenen Fachpublikum aber nicht als besonderer Sachhinweis auf eine beliebige Zeitschrift gesehen, sondern allein als Her-

---

30   BPatG, Beschl. v. 8.11.2006, 29 W (pat) 16/06 – JURnal.

kunftshinweis auf Produkte, die aus dem Hause der Anmelderin bzw. des mit ihr konzernrechtlich verbundenen Unternehmens, Soldan GmbH, stammen. Die grafische Gestaltung des Wortes „JURnal" mag zwar einfach und aufgrund der häufig vorkommenden Schreibweise durchaus werbeüblich sein. Die Art und Weise der Schreibweise stellt allerdings für den eingeschränkten Verkehrskreis der Rechtskundigen, die besonders aufmerksam beim Erwerb ihrer fachspezifischen Literatur sind, ein „sprechendes Zeichen" dar. Dabei mag der Wortbestandteil „Jur" als Abkürzung für „juristisch" und „nal" für „medium" assoziiert werden, doch sind im Marktsegment der juristischen Fachzeitschriften dem angesprochenen Publikum ähnliche Bezeichnungen verschiedenster Druckerzeugnisse von unterschiedlichen Verlagen, die auf das Gebiet der Rechtswissenschaft hinweisen, bekannt. Die fachspezifischen Verkehrskreise kennen z.B. „Jura: juristische Ausbildung", „JA: Juristische Arbeitsblätter"; „JuS: Juristische Schulung"; „JP: Juristische Praxis"; „Jus-News: Juristische Nachrichten des Jahres aus Deutschland und der Welt"; „JUVE: Neues aus dem Wirtschaftsanwaltsmarkt. In diese Reihe füge sich die angemeldete Wort-/Bildmarke „JURnal" als Akronym für ein weiteres juristisches Fachblatt ein. Ein Schutzhindernis im Sinne von § 8 Abs. 2 könne dementsprechend nicht ausgemacht werden.

Während in der Eintragungspraxis des DPMA, wie auch in der Rechtsprechungspraxis des BPatG ein weites Verständnis des „mittelbaren" Produktbezuges vorherrscht, ist der BGH bei der Annahme eines Freihaltebedürfnisses nach § 8 Abs. 2 Nr. 2 MarkenG eher zurückhaltend. **64**

Nach ständiger Rechtsprechung des EuGH darf die erforderliche Unterscheidungskraft zwar nicht deshalb bejaht werden, weil die Marke die beanspruchten Waren und/oder Dienstleistungen nicht (unmittelbar) beschreibt, doch kann ein mittelbar beschreibender Bedeutungsinhalt einem Kennzeichen nur dann zugesprochen werden, wenn dieses einen **„engen beschreibenden Bezug"** zu den angemeldeten Waren und/oder Dienstleistungen aufweist. Ein solcher Sachbezug ist etwa bei Hilfsmitteln und -leistungen anzunehmen, welche regelmäßig beim Vertrieb bzw. der Erbringung der angemeldeten Waren und Dienstleistungen eingesetzt werden. Entsprechendes kann für lediglich mittelbar beschreibende Angaben gelten, z.B. für Bezeichnungen des möglichen Abnehmerkreises der betroffenen Waren und/oder Dienstleistungen oder Begriffe, die für die Vermarktung der einschlägigen Waren und Dienstleistungen verwendet werden.[31] Die Annahme eines „engen beschreibenden Bezuges" setzt allerdings voraus, dass der Verkehr mit dem angemeldeten **65**

---

31 EuG, GRUR Int. 2007, 853, 854 – Twist & Pour.

Zeichen einen unmittelbaren und konkreten Sachbezug zu den beanspruchten Waren und Dienstleistungen herstellt.

66 Das Merkmal des „engen beschreibenden Bezuges" ist dabei nicht absolut und generalisierend festzustellen, sondern hängt von den Umständen des Einzelfalles ab, nämlich von dem Bedeutungsgehalt der angemeldeten Marke und den jeweils beanspruchten Waren und/oder Dienstleistungen. Maßgeblich ist dabei, ob die beteiligten Verkehrskreise den (allgemein) beschreibenden bzw. sachbezogenen Begriffsinhalt einer Angabe als solchen unmittelbar und ohne Weiteres erfassen und deshalb in der Bezeichnung kein Unterscheidungsmittel für die (betriebliche) Herkunft der beanspruchten Waren und/oder Dienstleistungen sehen.[32] Je bekannter ein solcher sachbezogener Begriffsinhalt ist, desto eher wird der Verkehr ihn auch als solchen (und damit nicht als Herkunftshinweis) auffassen, wenn ihm die Angabe im Zusammenhang mit der Kennzeichnung von Waren und/oder Dienstleistungen entgegentritt. Umgekehrt spricht eine fehlende Geläufigkeit der Angabe eher gegen die Annahme eines „engen beschreibenden Bezuges".

67 Aktuell beschäftigt das BPatG beispielsweise die Frage, ob das Bildnis eines granny-smith-farbenen Apfels für „zahnärztliche Dienstleistungen" beschreibend i.S.d. § 8 Abs. 2 Nr. 2 MarkenG ist. Die Markenstelle 3.4. des DPMA nimmt dies (aufgrund eines mittelbaren Dienstleistungsbezuges) an. Durch die sehr intensive Blendamed-Werbung, die auch noch heute weiten Teilen der Bevölkerung gegenwärtig sein dürfte, könne davon ausgegangen werden, dass sich speziell der grüne Apfel zu einem Symbol für gesunde Zähne und gesundes Zahnfleisch im Bereich der Gingivitis-Prophylaxe entwickelt habe.

68 Der Granny Smith vermittle nicht nur wegen seiner grünen Farbe, sondern auch wegen seines sehr sauren Geschmacks in einem ganz besonderen Maße das Gefühl einer „knackigen" oder festen Konsistenz des Fruchtfleisches und sei damit ganz besonders geeignet, auf das kraftvolle „Hineinbeißen" mit gesunden Zähnen hinzuweisen. Damit weise der „Grüne Apfel" einen "engen beschreibenden Bezug" zu den Dienstleistungen eines Zahnarztes auf.

69 Dass diese Argumentation schlussendlich der Eintragung der Marke erfolgreich entgegengehalten werden kann, erscheint auch deshalb fraglich, weil das DPMA sowohl vor, als auch nach der Anmeldung des in dem geschilderten Verfahren

---

32 Vgl. BGH, GRUR 2006, 850, 856 – Fußball-WM 2006.

streitgegenständlichen grünen Apfels weitere „grüne Äpfel" im Zusammenhang mit den „Dienstleistungen eines Zahnarztes" beanstandungslos eingetragen hat.[33]

Der 29. Senat das BPatG führt insoweit in seinem Beschluss vom 19.12.2007 (29 W (pat) 13/06 – Schwabenpost) aus: **70**

„Damit umfasst der unbestimmte Rechtsbegriff Unterscheidungskraft aus Art. 3 **71** Abs. 1 lit. b RL 89/04/EWG bei seiner Anwendung im Lichte des Allgemeininteresses, dass auch die Wahrung der Chancengleichheit in gleichgelagerten Fällen zu beachten ist. Das bedeutet, dass die Eintragungsbehörde im Rahmen ihrer Tatsachenermittlung von ihr vorgenommene Voreintragungen mit einzubeziehen hat, um abzuwägen, inwieweit sich die Verhältnisse im Vergleich zu den Voreintragungen von tatsächlich identischen oder vergleichbar ähnlichen Zeichen- und Waren-, Dienstleistungsverzeichnissen verändert haben oder gleich geblieben sind, um auf diese Weise willkürliche Entscheidungen, die den Wettbewerb verzerren, zu vermeiden. Ergibt sich nämlich keine Veränderung der tatsächlichen oder rechtlichen Verhältnisse, dann kann die nationale Eintragungsbehörde ohne gegen den Grundsatz der Chancengleichheit zu verstoßen, zu keinem anderen Ergebnis gelangen, als in ihren Vorentscheidungen. Deren Beachtung ist unter diesem Aspekt wesentlicher Teil der Entscheidung über die Registrierbarkeit des angemeldeten Zeichens und muss daher im gerichtlichen Verfahren der Überprüfung zugänglich sein. Daher darf das Gericht im Lichte des auch im Gemeinschaftsrecht geltenden Gleichheitsgrundsatzes eine schlüssig vorgetragene wettbewerbsverzerrende Diskriminierung nicht übersehen, sondern ist gehalten, die Grundsätze des Binnenmarktes in dem Sinne zu berücksichtigen, dass auch die Teilhabe an Schutzrechten im Vergleich zu Mitbewerbern, das heißt, die Chancengleichheit im Wettbewerb gewahrt ist. Für den Senat resultiert daraus die Pflicht, diesen Grundsatz – jedenfalls soweit es sachlich ernsthaft gerügt ist und sich hier Anhaltspunkte für seine Begründung ergeben – in seine Prüfung der vorausgegangenen Entscheidungen der Verwaltungsbehörde mit einzubeziehen, dazu gehört auch die Prüfung daraufhin, ob aufgrund dieser Entscheidungspraxis unter Umständen bereits eine bestimmte Auffassung der Verkehrskreise von der konkreten Unterscheidungskraft entstanden ist. In diesem Falle hätte nämlich die nationale Behörde im Rahmen ihrer Amtsermitt-

---

33 So beispielsweise die Markeneintragungen Nr. 3020080294736 – „Praxis für Zahnheilkunde"; Nr. 3020080327952 – „Zahnfee"; Nr. 3020080351217; Nr. 3020080405597 – „Pep"; Nr. 3020080424672; Nr. 3020080487763; Nr. 3020080637374 – „Leben in Balance"; Nr. 3020090154562 – „Zahnheilkunde am Starnberger See"; Nr. 3020090383634; Nr. 3020090431507; Nr. 3020090588333; Nr. 395390877; Nr. 39732448; Nr. 30532233; Nr. 30547227; Nr. 30570733; Nr. 306516004; Nr. 302008002807.

lung wesentliche Tatsachen für die Feststellung der Unterscheidungskraft nicht berücksichtigt, nämlich die Prägung der Verkehrsgewohnheiten und ihre eigene Übung."

Entsprechende Voreintragungen durch das DPMA selbst können daher für die Überwindung des Schutzhindernisses in § 8 Abs. 2 Nr. 2 MarkenG durchaus Bedeutung erlangen.

72   Das Schutzhindernis des § 8 Abs. 2 Nr. 2 bzw. des Art. 7 Abs. 1c) GMV wurde beispielsweise angenommen für:

- Giroform:[34] Für Papier usw. sowie Druckereierzeugnisse.

- EUROHYPO:[35] Für Finanzwesen, Geldgeschäfte, Immobilienwesen, Finanzdienstleistungen, Finanzierungen, Finanzanalysen, Investmentgeschäfte, Versicherungswesen

- Werbeslogan „VOM URSPRUNG HER VOLLKOMMEN":[36] Für Biere, Mineralwässer und kohlensäurehaltige Wässer sowie andere alkoholfreie Getränke.

- „LOTTO":[37] Das Wort „Lotto" dient dazu, ein bestimmtes Glücksspiel zu bezeichnen.

3. Gattungsbezeichnungen, § 8 Abs. 2 Nr. 3 MarkenG bzw. Art. 7 Abs. 1d) GMV

73   Auch solche Bezeichnungen, die ausschließlich aus Zeichen oder Angaben bestehen, die im allgemeinen Sprachgebrauch oder in den redlichen und ständigen Verkehrsgepflogenheiten zur Bezeichnung der [konkret beanspruchten] Waren oder Dienstleistungen üblich geworden sind (sog. Gattungsbezeichnungen), sind von der Markeneintragung ausgeschlossen (§ 8 Abs. 2 Nr. 3 MarkenG bzw. Art. 7 Abs. 1d) GMV). Der Vorschrift kommt in der Praxis faktisch kaum eigenständige Bedeutung zu, weil eine übliche Bezeichnung im Sinne dieser Bestimmung regelmäßig bereits wegen fehlender Unterscheidungskraft vom Schutz ausgeschlossen ist.[38]

---

34   EuG, GRUR Int. 2001, 271 – Giroform.
35   EuG, GRUR 2006, 770, 771 – EUROHYPO.
36   EuG, GRUR Int. 2008, 151, 153 – VOM URSPRUNG HER VOLLKOMMEN.
37   BGH, MarkenR 2006, 341 – LOTTO m. Anm. *Kazemi*.
38   *Ströbele*, in: Ströbele/Hacker (Hrsg.), Markengesetz, 9. Aufl., 2009, § 8 Rn 371.

4. Täuschungsgefahr, § 8 Abs. 2 Nr. 4 MarkenG bzw. Art. 7 Abs. 1g) GMV

Solche Zeichen, die geeignet sind, das Publikum insbesondere über die Art, die **74** Beschaffenheit oder die geographische Herkunft der Waren oder Dienstleistungen zu täuschen, sind von der Eintragung als Registermarke generell ausgeschlossen, eine Möglichkeit dieses Schutzhindernis durch Verkehrsgeltung zu überwinden besteht, anders als bei den Schutzhindernissen des § 8 Abs. 2 Nr. 1–3 MarkenG nicht.

Bei der Beurteilung, ob ein solches Schutzhindernis besteht, geht es um die Irre- **75** führung durch den Zeicheninhalt und nicht um die Prüfung, ob das Zeichen bei einer besonderen Art der Verwendung im Geschäftsverkehr geeignet sein kann, irreführende Vorstellungen zu erwecken. Dabei wird der Zeicheninhalt im Wesentlichen geprägt durch die Waren oder Dienstleistungen, für welche der markenrechtliche Schutz beansprucht wird.[39]

Ist für die entsprechenden Waren des Warenverzeichnisses eine **Markenbenut-** **76** **zung möglich**, bei der keine Irreführung des Verkehrs erfolgt, liegt das absolute Schutzhindernis des § 8 Abs. 2 Nr. 4 MarkenG für diese nicht vor.[40]

Als unter allen denkbaren Gesichtspunkten täuschend hat **77** das BPatG (BPatG, GRUR 1992, 704 – Royals) eine Kombinationsmarke angesehen, bei der lediglich ein Teil der Marke (hier der Begriff „Royals") mit dem für das Bestehen eines eingetragenen Warenzeichens gebräuchlichen Symbol eines R in kreisförmiger Umrandung versehen war. Da das „R im Kreis" hier direkt und ganz eng neben dem letzten Buchstaben des Schriftzugs „Royals" angeordnet war, werde es beim Lesen dieses Wortes unmittelbar miterfasst und dem Schriftzug zugeordnet werden. Für einen sehr erheblichen Teil des Verkehrs wird somit der Eindruck erweckt, bei dem Schriftzug „Royals" handle es sich um ein geschütztes Warenzeichen der Anmelderin, was tatsächlich jedoch nicht der Fall war.

---

39 BGH, GRUR 2002, 540 – OMEPRAZOK; zu § 4 Abs. 2 Nr. 4 WZG: BGH, GRUR 1994, 120, 121 – EUROCONSULT; BPatG, GRUR 1991, 145, 146 – Mascasano.
40 BPatG, Beschl. v. 5.11.2003, 26 W (pat) 185/99 – Zinnaer Abtei; BPatG, Beschl. v. 5.7.2006, 28 W (pat) 90/04 – COCOBALE; BPatG, Beschl. v. 26.9.2006, 24 W (pat) 127/05 – CAT DELUXE (Keine irreführende Bezeichnung für Parfüms, denn der Verbraucher denkt hier nicht daran, dass es sich um ein Produkt für Katzen („Katzenparfüm") handeln könnte.

5. Verstoß gegen die öffentliche Ordnung oder die guten Sitten, § 8 Abs. 2 Nr. 5 MarkenG bzw. Art. 7 Abs. 1f) GMV

78 Bei der Anwendung dieses Ausschlussgrundes ist Zurückhaltung geboten. Es kann nicht übersehen werden, dass die Verkehrsauffassung von einer fortschreitenden Liberalisierung der Anschauungen über Moral und Sitte geprägt ist. So wird es im Allgemeinen nicht (mehr) als anstößig empfunden, wenn Waren mit Kennzeichnungen versehen werden, bei denen negative oder anrüchige Bedeutungsgehalte mitschwingen, so etwa wenn Parfümerieartikel mit „Opium"[41] oder Zigarren mit „Al Capone" gekennzeichnet werden.[42] Selbst grobe Geschmacklosigkeiten fallen nicht stets unter § 8 Abs. 2 Nr. 5 MarkenG; die Grenzen sind erst dann überschritten, wenn eine Marke im Geschäftsleben nicht mehr hinnehmbar erscheint („Busengrapscher" oder „Schenkelspreizer").[43] Dies gilt vor allem dann, wenn nur das allgemeine sittliche Empfinden betroffen ist. Strengere Maßstäbe können geboten sein, wenn sich eine Marke des Namens oder Symbols einer abgrenzbaren gesellschaftlichen Gruppierung, z.B. einer Religionsgemeinschaft, bedient, zumal insoweit auch grundrechtliche Wertungen Einfluss gewinnen können.[44]

79 Hinzu kommt, dass im registerrechtlichen Verfahren nur die Marke selbst, d.h. die angemeldete oder schutzsuchende Bezeichnung in Verbindung mit den von ihr erfassten Waren (Dienstleistungen) zur Beurteilung steht. Daraus folgt zum einen, dass die Sittenwidrigkeit gerade in Bezug auf die von der Marke erfassten Waren (Dienstleistungen) bestehen muss. Zum andern müssen mögliche sittenwidrige Umstände, die sich erst aus der konkreten Verwendung der Marke im Verkehr ergeben (können), außer Betracht bleiben. Bedingt durch den Prüfungsgegenstand im markenrechtlichen Eintragungsverfahren ist für die Annahme eines Sittenverstoßes im Sinne von § 8 Abs. 2 Nr. 5 MarkenG somit ein nur äußerst enger Anwendungsbereich eröffnet.

6. Hoheitszeichen, Prüfzeichen, Wappen, § 8 Abs. 2 Nr. 6–8 MarkenG

80 Nach § 8 Abs. 2 Nr. 6–8 MarkenG sind Marken, die Staatswappen, Staatsflaggen oder andere staatliche Hoheitszeichen oder Wappen eines inländischen Ortes oder

---

41 Vgl. BGH GRUR 1992, 314.
42 BPatG, GRUR 1996, 408, 409 – COSA NOSTRA; BPatG GRUR 2004, 160, 161 – Vibratoren;
43 BGH, GRUR 1995, 592, 595 – Busengrapscher (zu § 1 UWG a.F.); BPatG, Beschl. v. 26.11.1997, 26 W(pat) 107/97 – Schenkelspreizer; vgl. auch *Kur*, WRP 1995, 790; *Gaedertz/Steinbeck*, WRP 1996, 978.
44 BPatG, GRUR 1994, 377 – MESSIAS; BPatGE 28, 41, 43 – CORAN.

eines inländischen Gemeinde- oder weiteren Kommunalverbandes, amtliche Prüf- oder Gewährzeichen, die nach einer Bekanntmachung des Bundesministeriums der Justiz im Bundesgesetzblatt von der Eintragung als Marke ausgeschlossen sind, Wappen, Flaggen oder andere Kennzeichen, Siegel oder Bezeichnungen internationaler zwischenstaatlicher Organisationen enthalten, von der Eintragung als Marke ausgeschlossen.

Dies gilt gem. § 8 Abs. 4 MarkenG auch für solche Marken, die Nachahmungen **81** eines der vorgenannten Zeichen enthalten.

7. Benutzung kann ersichtlich nach sonstigen Vorschriften im öffentlichen Interesse untersagt werden, § 8 Abs. 2 Nr. 9 MarkenG

Von diesem Schutzausschließungsgrund sind Marken betroffen, deren Benutzung **82** entweder gegen nationale Gesetze mit kennzeichnungsrechtlichem Inhalt oder gegen europäische Kennzeichnungsvorschriften, soweit es sich dabei um Verordnungen handelt, die im Inland unmittelbare Rechtswirkungen entfalten, verstößt.

Eine derartige Verbotsnorm stellt beispielsweise § 12 Abs. 1 **83** Nr. 5 LFBG (Lebensmittel- und Futtermittelgesetzbuch) dar, denn sie untersagt im Verkehr mit Lebensmitteln oder in der Werbung für Lebensmittel allgemein oder im Einzelfall die Verwendung bildlicher Darstellungen, die Personen in der Berufskleidung von Angehörigen der Heilberufe zeigen. Dementsprechend wurde die Anmeldung der Marke „Dr. Raß's Health Care", die ausschließlich für Lebensmittel Schutz beanspruchte zurückgewiesen, da die Kleidung des dort abgebildeten Mannes vom Verkehr ohne weiteres als typische, ärztliche Berufsbekleidung erkannt wird. BPatG, Beschl. v. 28.10.2009, 28 W (pat) 265/07 – Dr. Raß's Health Care.

Als ebenso gegen § 8 Abs. 2 Nr. 9 MarkenG verstoßend **84** wurde eine Marke angesehen, die das Vereinswappen eines gegen jedermann wirkenden vereinsrechtlichen Kennzeichnungsverbotes des Bundesinnenministers beinhaltete (hier: Hell's Angels Motor-Club in Hamburg) bzw. sich hieran anlehnte.

Ebenfalls unter die „Verbotsnorm" i.S.d. § 8 Abs. 2 Nr. 9 MarkenG dürften auch **85** Marken für Arzneimittel fallen, die ersichtlich Verstöße gegen die heilmittelwerberechtlichen Vorschriften des HWG beinhalten.

8. Bösgläubige Markenanmeldung, § 8 Abs. 2 Nr. 10 MarkenG

86 Nach § 8 Abs. 2 Nr. 10 MarkenG wird eine Marke wegen Nichtigkeit gelöscht, wenn ihre Anmeldung rechtsmissbräuchlich oder sittenwidrig erfolgt ist.[45] Ein Anmelder handelt allerdings nicht schon dann unlauter, wenn ihm zum Anmeldezeitpunkt bekannt ist, dass bereits ein Dritter das gleiche oder ein ähnliches Zeichen für gleiche oder verwechselbar ähnliche Ware benutzt, ohne hierfür Kennzeichenschutz erlangt zu haben.[46] Vielmehr müssen immer besondere Umstände hinzutreten, um eine Markenanmeldung als sittenwidrig i.s.v. § 8 Abs. 2 Nr. 10 MarkenG erscheinen zu lassen. Solche Umstände können etwa darin liegen, dass sich der Anmelder die Marke in Kenntnis eines schutzwürdigen Besitzstandes des Vorbenutzers ohne legitimen Grund für gleiche oder ähnliche Waren oder Dienstleistungen schützen lässt, um diesen Besitzstand zu stören. Dies gilt nicht nur für im Inland benutzte Zeichen, sondern auch für im Ausland verwendete Zeichen, wenn mit der Markenanmeldung die Ausdehnung des ausländischen Kennzeichens auf den deutschen Markt behindert werden soll. Die Anforderungen an die Feststellung einer Behinderungsabsicht sind dabei nicht zu hoch anzusehen, vielmehr ist es ausreichend, wenn sie sich unter Würdigung der maßgeblichen Feststellungen nach der allgemeinen Lebenserfahrung aufdrängt.[47] Die Absicht, die Marke zu unlauteren Zwecken einzusetzen, muss auch nicht der einzige Beweggrund für die Anmeldung gewesen sein, vielmehr reicht es aus, wenn diese Zielsetzung ein wesentliches Motiv hierfür ist.[48] Weiß der Anmelder, dass ein identisches oder verwechslungsfähig ähnliches Zeichen im Ausland bereits für zumindest gleichartige Waren benutzt wird und dass das ausländische Unternehmen die Absicht hat, das Zeichen in absehbarer Zeit auch im Inland zu benutzen oder muss sich dem Anmelder diese Absicht zumindest aufdrängen, kann die Markeneintragung ebenfalls als bösgläubig angesehen werden.[49]

87 Ein zweckfremder Marken-Einsatz liegt auch dann vor, wenn die Anmeldung zu dem Zweck erfolgt, ein anderes Unternehmen unter Druck zu setzen und von diesem (finanzielle) Gegenleistungen zu erzwingen.[50]

---

45 Vgl. BGH, GRUR 2005, 581 – The Colour of Elégance.
46 EuGH, Mitt. 2009, S. 329, 332 – Goldhase.
47 BGH, GRUR 1986, 74, 77 – Shamrock III; BGH, GRUR 2008, 621, 623, 624 – AKADEMIKS siehe hierzu *Sosnitza*, jurisPR-WettbR 5/2008, Anm. 3.
48 BGH, GRUR 2000, 1032, 1034 – EQUI 2000.
49 BGH, GRUR 2008, 621, 623/624 – AKADEMIKS; BGH, GRUR 1987, 292, 294 – KLINT.
50 BGH, GRUR 2001, 242, 244 – Classe E.

9. Überwindung der Schutzhindernisse in § 8 Abs. 2 Nr. 1–3 aufgrund Verkehrsgeltung, § 8 Abs. 3 MarkenG

Nach § 8 Abs. 3 MarkenG kann eine Marke – trotz Vorliegen eines Eintragungshindernisses nach § 8 Abs. 2 Nr. 1–3 MarkenG – dann zur Eintragung gelangen, wenn Sie sich vor dem Zeitpunkt der Entscheidung über die Eintragung infolge ihrer Benutzung für die Waren oder Dienstleistungen, für die sie angemeldet worden ist, in den beteiligten Verkehrskreisen durchgesetzt hat (sog. Verkehrsgeltung).   **88**

Zu diesem Kriterium hat der BGH in seiner Entscheidung betreffend die Marke „LOTTO" in konsequenter Fortführung der bisherigen bundesgerichtlichen und unter Berücksichtigung der europäischen Rechtsprechung zunächst zutreffend festgestellt, dass die Annahme von Verkehrsdurchsetzung nicht bereits daran scheitert, dass dem Anmelder über einen langen Zeitraum eine Monopolstellung zukam und es folglich zu einer „Durchsetzung" gegenüber Mitbewerbern gar nicht kommen konnte.[51]   **89**

Dies war nach gefestigter deutscher Rechtsprechung ursprünglich ein Umstand, der Verkehrsgeltung und -durchsetzung ausschließen konnte.[52] Einer derartigen Argumentation hat der EuGH jedoch in seiner Entscheidung Philips/Remington[53] eine klare Absage erteilt. Dort hält es der EuGH für grundsätzlich möglich, dass die Verkehrsdurchsetzung auch auf dem Umstand beruht, dass der „Marktteilnehmer einziger Lieferant bestimmter Waren auf dem Markt" war. Der Begriff der „Durchsetzung" ist nämlich gerade nicht im Sinne einer Behauptung gegenüber Mitbewerbern, sondern allein im Sinne einer Behauptung gegenüber den beteiligten Verkehrskreisen zu verstehen. Allein das Interesse daran, die jeweilige Bezeichnung auch für die Benutzung durch andere Unternehmen freizuhalten, genügt daher gerade nicht.[54]   **90**

Bei der Feststellung, ob eine Marke infolge ihrer Benutzung Unterscheidungskraft erlangt hat, sind vielmehr **Merkmale** wie der **Marktanteil** der mit der Marke versehenen Waren, die **Intensität**, die **geographische Verbreitung** und die **Dauer der Benutzung** dieser Marke, der **Werbeaufwand** des Unternehmens für die Marke, der Teil der beteiligten Verkehrskreise, der die Ware aufgrund der Marke als von einem bestimmten Unternehmen stammend erkennt sowie **Erklärungen von**   **91**

---

51 BGH, MarkenR 2006, 341 – LOTTO m. Anm. *Kazemi*; bestätigt auch in Bezug auf die Marke „POST", BGH, GRUR 2009, 678 – POST/Regio Post.
52 Ausführlich hierzu *Ingerl/Rohnke*, MarkenG 2003, § 8 Rn 326 m.w.N.
53 EuGH, GRUR Int. 2002, 842, 847 – Philips/Remington Tz. 65.
54 EuGH, MarkenR 1999, 242 – Windsurfing Chiemsee.

Industrie- und Handelskammern oder von anderen Berufsverbänden von Bedeutung. Dabei ist – wie es auch der EuGH in ständiger Rechtsprechung fordert – insbesondere der spezifische Charakter der betreffenden Bezeichnung zu berücksichtigen. Tritt sie dem Verkehr in Verbindung mit bestimmten Waren oder Dienstleistungen entgegen, kann er dieses in unterschiedlicher Weise verstehen. Er kann darin eine Sachaussage im Hinblick auf das Produkt sehen, z.b. über dessen Eigenschaften, Verwendungszweck usw. Er kann aber auch eine entweder produktbezogene oder allgemeine Werbeaussage darin sehen und er kann schließlich einen Hinweis auf die Herkunft aus einem bestimmten Unternehmen vermuten. Grundsätzlich gilt nach der Rspr. des BGH für Wortmarken, dass sie dann eintragbar sind, wenn kein für die relevanten Waren/Dienstleistungen im Vordergrund stehender beschreibender Begriffsinhalt zugeordnet werden kann und es sich auch sonst nicht um ein gebräuchliches Wort der deutschen oder einer bekannten Fremdsprache handelt, das vom Verkehr, sei es auch nur wegen einer entsprechenden Verwendung in der Werbung, stets nur als solches und nicht als Unterscheidungsmittel verstanden wird.[55] Diese Definition des BGH nimmt aus dem Bereich der unterscheidungskräftigen Wortzeichen also im Wesentlichen zwei Fallgruppen aus, nämlich die für die Waren/Dienstleistungen glatt beschreibenden Begriffe und die gebräuchlichen Wörter, soweit diese stets nur vom Verkehr in dieser Bedeutung verstanden werden. Es handelt sich hier um einen eng auszulegenden Ausnahmetatbestand, der den Grundsatz einschränkt, dass auch Wörter mit einem klar definierten Bedeutungsgehalt dann eintragbar sind, wenn sie für die jeweiligen Waren/Dienstleistungen nicht beschreibend sind, sondern vom Verkehr als kennzeichnend verstanden werden („Erotik" als Marke für Badarmaturen).

92   Der BGH hat bislang offen gelassen, ab welchem prozentualen Durchsetzungsgrad von einer überwiegenden Verkehrsdurchsetzung ausgegangen werden muss, scheint aber weiterhin daran festhalten zu wollen, dass die Verkehrsdurchsetzung abhängig vom Maß des Freihaltebedürfnisses bestimmt wird.[56] In der Entscheidung Windsurfing Chiemsee[57] hatte der EuGH dieser Grundannahme der deutschen Rechtsprechung bereits eine Absage erteilt. Das Gericht hatte hier festgestellt, dass stets für jeden Einzelfall nur darauf abzustellen sei, ob nach Auffassung des Verkehrs das Zeichen nicht mehr nur beschreibend ist. Dabei will der EuGH offenbar nicht mehr nach verschiedenen Arten freihaltebedürftiger Angaben

---

55   Vgl. BGH, MarkenR 2002, 338 – Bar jeder Vernunft; BGH, GRUR 2002, 816, 817 – Bonus II;
     BGH, MarkenR 2001, 408, 409 – INDIVIDUELLE; BGH, MarkenR 2001, 363 – REICH UND
     SCHOEN; BGH, MarkenR 2001, 368 – Gute Zeiten, Schlechte Zeiten.
56   Grundlegend BGH, GRUR 1960, 83 – Nährbier.
57   EuGH, MarkenR 1999, 242 – Windsurfing Chiemsee.

unterscheiden, sondern nach der Bekanntheit der freihaltebedürftigen Angabe. Wenn allgemein bekannt sei, dass ein bestimmtes Wortzeichen einen rein beschreibenden Charakter habe, müsse an eine Umwandlung dieser Bedeutung ein strengerer Maßstab angelegt werden, als wenn es sich um eine relativ unbekannte Angabe handele, bei der weite Teile des Verkehrs von vornherein nicht an eine beschreibende Angabe denken.[58]

Wie diese Grundsätze in der Praxis angewendet werden können, hat der BGH bislang nur bedingt klären können. In Bezug auf die Marke „LOTTO" führt der BGH jedoch aus, dass eine 58 %ige Durchsetzung jedenfalls bei einer glatt beschreibenden Wortmarke nicht als ausreichend angesehen werden könne. Ob deshalb in derartigen Fällen generell von der Notwendigkeit einer nahezu einhelligen Verkehrsbekanntheit auszugehen ist (diese wird wohl bei mindestens 90 % liegen), hat der BGH bislang unbeantwortet gelassen. **93**

Insoweit ist jedoch darauf hinzuweisen, dass das Gericht den Kriterien der „Dauer" und der „Intensität" der Benutzung jedenfalls keine besondere Bedeutung beimisst, wenn es ausführt, eine glatt beschreibende Angabe könne nicht allein durch intensive Benutzung langsam Unterscheidungskraft entwickeln. Aus dem Umstand, dass der Senat – neben den Ergebnissen der durchgeführten Verkehrsbefragung – zur Ermittlung der notwendigen Verkehrsdurchsetzung offensichtlich auch keine weiteren Entscheidungskriterien herangezogen hat,[59] kann jedoch der Schluss gezogen werden, dass die „nahezu einhellige Verkehrsbekanntheit" jedenfalls das ausschlaggebende Kriterium zur Ermittlung der Verkehrsdurchsetzung glatt beschreibender Wortkennzeichen darstellt.[60] Wie das Kriterium der Verkehrsdurchsetzung indes bei anderen Marken zu ermitteln ist und welcher Grad an Durchsetzung jeweils erforderlich ist, lässt sich den bisherigen Entscheidungen des BGH nicht mit letzter Sicherheit entnehmen. **94**

So führt der BGH in Sachen „LOTTO" aus, dass die erforderliche Verkehrsdurchsetzung wohlmöglich auch unter 50 % liegen könne, gibt jedoch keinen Hinweis darauf, wann dies der Fall sein könnte. Bei Zahlen und Buchstaben beispielsweise, die nach den üblichen Grundsätzen eintragbar sind, wird nur selten davon ausgegangen werden können, dass es sich um Zeichen handelt, die als solche auch eine beschreibende Bedeutung haben. Ein besonders hoher Durchsetzungsgrad **95**

---

58 Vgl. EuGH, MarkenR 1999, 242 – Windsurfing Chiemsee, in Bezug auf geographische Herkunftsangaben.

59 Anders noch BGH, MarkenR 2004, 31, 35 – Kinder.

60 Anders offenbar bei Bildmarken, vgl. BGH, MarkenR 2004, 138 – Westie-Kopf: Verkehrsdurchsetzung bereits 62,5 % und „stattlichen" Umsatzzahlen.

kann nicht gefordert werden. Andererseits wird beispielsweise bei Farben weiter von hohen Anforderungen ausgegangen werden müssen.[61]

V. Relative Schutzhindernisse – Wer könnte etwas gegen die Markeneintragung haben?

96 Nach §§ 42, 9 MarkenG kann die Eintragung einer Marke im Widerspruchsverfahren (auf Antrag!) (1) gelöscht werden,

- wenn sie mit einer angemeldeten oder eingetragenen Marke mit älterem Zeitrang identisch ist und die Waren oder Dienstleistungen, für die sie eingetragen worden ist, mit den Waren oder Dienstleistungen identisch sind, für die die Marke mit älterem Zeitrang angemeldet oder eingetragen worden ist,

- wenn wegen ihrer Identität oder Ähnlichkeit mit einer angemeldeten oder eingetragenen Marke mit älterem Zeitrang **und** der Identität oder der Ähnlichkeit der durch die beiden Marken erfassten Waren oder Dienstleistungen für das Publikum die Gefahr von Verwechslungen besteht, einschließlich der Gefahr, dass die Marken gedanklich miteinander in Verbindung gebracht werden, oder

- wenn sie mit einer angemeldeten oder eingetragenen Marke mit älterem Zeitrang identisch oder dieser ähnlich ist und für Waren oder Dienstleistungen eingetragen worden ist, die nicht denen ähnlich sind, für die die Marke mit älterem Zeitrang angemeldet oder eingetragen worden ist, falls es sich bei der Marke mit älterem Zeitrang um eine im Inland bekannte Marke handelt und die Benutzung der eingetragenen Marke die Unterscheidungskraft oder die Wertschätzung der bekannten Marke ohne rechtfertigenden Grund in unlauterer Weise ausnutzen oder beeinträchtigen würde.

97 Obwohl diese relativen Schutzhindernisse, da sie durch das Markenamt nicht von Amts wegen geprüft werden, regelmäßig erst nach Eintragung der Marke und ihrer Veröffentlichung im Markenblatt zum Tragen kommen, sollte bereits bei der Eintragung von Marken auch auf das Bestehen etwaiger relativer Schutzhindernisse geachtet werden. Liegen diese nämlich tatsächlich vor, wird das Markenamt die Eintragung der Registermarke auf Antrag des älteren Schutzrechtsinhaber („Widerspruch") revidieren und die Marke aus dem Register löschen.

---

61 Vgl. DPMA, Mitt. 2001, 172, 174 – Arzneimittelkapsel grün/creme.

1. Doppelidentität, § 9 Abs. 1 Nr. 1 MarkenG

Besonders einleuchtend ist dies bei Vorliegen sog. Doppelidentität nach § 9 Abs. 1 **98** Nr. 1 MarkenG. In diesem Fall steht der angemeldeten Marke eine ältere identische Marke gegenüber, die für identische Waren oder Dienstleistungen angemeldet oder eingetragen ist. Liegt ein derartiger Fall vor, muss die jüngere Marke aus dem Register gelöscht werden, da die ältere Marke wegen des Prioritätsgrundsatzes Vorrang genießt. Dies gilt nicht, wenn der älteren Marke erfolgreich die Einrede mangelnder Benutzung (§ 43 MarkenG) entgegengehalten werden kann, dies aber kann freilich erst dann überhaupt in Betracht kommen, wenn sich die ältere Marke nicht mehr in der Benutzungsschonfrist befindet.

2. Verwechslungsgefahr, § 9 Abs. 1 Nr. 2 MarkenG

Weitaus häufiger Probleme bereitet das relative Schutzhindernis des § 9 Abs. 1 **99** Nr. 2 MarkenG. Hiernach steht eine ältere Marke der Eintragung einer jüngeren Marke entgegen, wenn wegen der Identität oder Ähnlichkeit der jüngeren Marke mit einer angemeldeten oder eingetragenen Marke mit älterem Zeitrang **und** der Identität oder der Ähnlichkeit der durch die beiden Marken erfassten Waren oder Dienstleistungen (beide Gesichtspunkte müssen kumulativ vorhanden sein!) für das Publikum die Gefahr von Verwechslungen besteht (sog. Verwechslungsgefahr).

Nach ständiger Rechtsprechung liegt Verwechslungsgefahr vor, wenn das Publi- **100** kum glauben könnte, dass die von den Vergleichszeichen erfassten Waren oder Dienstleistungen aus demselben Unternehmen oder ggf. aus wirtschaftlich miteinander verbundenen Unternehmen stammen.[62] Ob dies der Fall ist, beurteilt sich nach § 9 Abs. 1 Nr. 2 MarkenG im Hinblick auf die Identität oder Ähnlichkeit der Vergleichszeichen einerseits und die Identität oder Ähnlichkeit der von diesen erfassten Waren und Dienstleistungen andererseits. Wie sich jedoch aus dem für die Auslegung verbindlichen 11. Erwägungsgrund zur Markenrichtlinie ergibt, hängt das Vorliegen von Verwechslungsgefahr von einer Vielzahl von Umständen ab, von denen neben dem Grad der Ähnlichkeit der Vergleichszeichen und dem Grad der Ähnlichkeit der Vergleichsprodukte der Grad der Bekanntheit der Marke im Markt und die gedankliche Verbindung genannt werden, die das angegriffene Zeichen zu der älteren Marke hervorrufen kann.

---

62 EuGH, GRUR 1998, 922 – Canon; EuGH, GRUR Int. 1999, 734 – Lloyd; EuGH, GRUR Int. 2007, 718 – Travatan II; EuGH, GRUR 2008, 343 – Il Pointe Finanziaria SpA. / HABM; EuGH, GRUR 2008, 503 – Adidas.

a. Identität/Ähnlichkeit der Waren und Dienstleistungen

101 Bei der Prüfung der Waren- oder Dienstleistungsidentität ist zunächst zu berücksichtigen, ob die Waren und Dienstleistungen der Widerspruchsmarke mit den angegriffenen Waren und Dienstleistungen der jüngeren Marke identisch, ähnlich oder absolut unähnlich sind.

102 Maßgeblich für die Beurteilung der Waren-/Dienstleistungsgleichheit ist dabei auf Seiten beider Marken jeweils die Fassung des Registers, solange der Markeninhaber von der Möglichkeit der Erhebung der Einreden der Nichtbenutzung der Widerspruchsmarke nach § 43 Abs. 1 S. 1 und S. 2 MarkenG keinen Gebrauch gemacht hat.

103 Auf Ausführungen der Beteiligten zur – angeblich unterschiedlichen – tatsächlichen Verwendung der jeweiligen Marken kommt es daher nicht an.[63] Insoweit unterscheidet sich das – stärker formalisierte – markenrechtliche Widerspruchsverfahren (einschließlich der Beschwerdeinstanz) vom Verletzungsprozess vor den Gerichten der allgemeinen Zivilgerichtsbarkeit.

104 Waren- oder Dienstleistungs**identität** liegt insoweit vor, wenn sich die Waren oder Dienstleistungen, für die das angegriffene Zeichen eingetragen worden ist, unter die Waren- und Dienstleistungsbegriffe im Verzeichnis der Widerspruchsmarke subsumieren lassen. Soweit sich zwei Registermarken gegenüber stehen, ist von Waren- oder Dienstleistungsidentität nicht nur auszugehen, wenn sich die jeweils eingetragenen Waren- oder Dienstleistungsbegriffe vollständig decken. Waren- oder Dienstleistungsidentität liegt vielmehr auch dann vor, wenn und soweit sich die Waren oder Dienstleistungen der jüngeren Marke unter einen breiteren Oberbegriff der älteren Marke subsumieren lassen oder wenn und soweit – umgekehrt – ein im Verzeichnis der jüngeren Marke enthaltener Oberbegriff auch speziellere Waren oder Dienstleistungen der älteren Marke umfasst.[64]

105 Nach ständiger Rechtsprechung ist Waren- oder Dienstleistungs**gleichartigkeit** anzunehmen, wenn die beiderseitigen Waren/Dienstleistungen ihrer wirtschaftlichen Bedeutung und Verwendungsweise nach so enge Berührungspunkte aufweisen, dass beim Durchschnittskäufer die Meinung aufkommen kann, sie stammten aus

---

63 BPatG, Beschl. v. 19.10.2009, 24 W (pat) 47/08 – MEKOSOFT/mecos.
64 Vgl. nur BGH, GRUR 2008, 909 – Pantogast; GRUR 2008, 905 – Pantohexal; GRUR 2008, 903 – Sierra Antiguo.

demselben Geschäftsbetrieb, sofern übereinstimmende Kennzeichen verwendet werden.[65]

Eine Ähnlichkeit der beiderseitigen Waren oder Dienstleistungen ist anzunehmen, **106** wenn diese unter Berücksichtigung aller erheblichen Faktoren, die ihr Verhältnis zueinander kennzeichnen – insbesondere ihrer Beschaffenheit, ihrer regelmäßigen betrieblichen Herkunft, ihrer regelmäßigen Vertriebs- oder Erbringungsart, ihrem Verwendungszweck und ihrer Nutzung, ihrer wirtschaftlichen Bedeutung, ihrer Eigenart als miteinander konkurrierende oder einander ergänzende Produkte und Dienstleistungen oder anderer für die Frage der Verwechslungsgefahr wesentlicher Gründe – so enge Berührungspunkte aufweisen, dass die beteiligten Verkehrskreise der Meinung sein könnten, sie stammen aus demselben oder ggf. wirtschaftlich verbundenen Unternehmen.

Solche engen Berührungspunkte fehlen nach der Verkehrsauffassung im allgemei- **107** nen zwischen Rohstoffen bzw. Halbfabrikaten einerseits und Fertigwaren anderer- seits, da diese verschiedenen Zwecken dienen, meist aus verschiedenen Betrieben herrühren und sich über verschiedene Vertriebsstätten an verschiedene Abnehmer- kreise wenden; die Gleichartigkeit zwischen Waren unterschiedlicher Fertigungs- stufen ist daher regelmäßig zu verneinen.[66] Gelangen aber Halbfabrikate und Fer- tigwaren über im Wesentlichen dieselben Vertriebsstätten an dieselben Abnehmer- kreise, so muss der Verkehr bei einer Kennzeichnung dieser Halbfabrikate und Fer- tigwaren mit demselben Zeichen annehmen, die Waren stammten aus derselben Fertigungsstätte.

Umgekehrt muss von Waren- und Dienstleistungsunähnlichkeit ausgegangen wer- **108** den, wenn trotz unterstellter Identität und großer Ähnlichkeit der Marken – und ebenfalls zu unterstellender – höchster Kennzeichnungskraft der älteren Marke die Annahme einer Verwechslungsgefahr im Sinne einer Verwirrung über die Ur- sprungsidentität der Waren und Dienstleistungen wegen des Abstandes der Waren und Dienstleistungen von vornherein ausgeschlossen ist. Für die Annahme dieser Ursprungsidentität kommt es dabei weniger auf die Feststellung örtlich identischer Herkunftsstätten an; entscheidender ist vielmehr, ob der Verkehr erwarten kann, dass die beiderseitigen Waren und Dienstleistungen unter der Kontrolle desselben Unternehmen hergestellt oder vertrieben bzw. erbracht werden, welches für ihre Qualität verantwortlich ist. Gemeinsame betriebliche Herkunft bedeutet insoweit Zugehörigkeit zu einem gemeinsamen betrieblichen Verantwortungsbereich, wo-

---

65   BGHZ 52, 337, 339 – Dolan mit weiteren Nachweisen.
66   BGHZ 52, 337, 342 – Dolan mit weiteren Nachweisen.

durch die Ursprungsidentität der gekennzeichneten Waren und Dienstleistungen garantiert wird.

b.   Markenähnlichkeit

109   Bei der Beurteilung der Markenähnlichkeit ist grundsätzlich vom jeweiligen Gesamteindruck der einander gegenüberstehenden Zeichen auszugehen,[67] so dass die registrierte Markenform für alle Arten der Verwechslungsgefahr maßgeblich ist. Eine zergliedernde Betrachtungsweise einzelner Markenteile ist zu vermeiden; vielmehr ist von dem allgemeinen Grundsatz auszugehen, dass der Verkehr eine Marke so aufnimmt, wie sie ihm entgegentritt, ohne sie einer analysierenden Betrachtungsweise zu unterziehen.[68]

110   Allerdings kann eine (unmittelbare) Verwechslungsgefahr auch dann zu bejahen sein, wenn der Gesamteindruck einer mehrbestandteiligen Marke gerade durch den der Gegenmarke nahekommenden Bestandteil geprägt wird, sofern deren übrige Bestandteile demgegenüber weitgehend in den Hintergrund treten und für den Gesamteindruck des Zeichens vernachlässigt werden können.[69]

111   Die Entscheidung der Frage, ob zwei Marken als ähnlich anzusehen sind, hängt darüber hinaus auch von den beteiligten Verkehrskreisen ab, die mit den jeweiligen Waren und Dienstleistungen in Berührung kommen. Hierbei sind Unterschiede in der Aufmerksamkeit bei der Wahrnehmung von Marken zu berücksichtigen. Richtet sich die registrierte Marke (dem Waren- und Dienstleistungsverzeichnis entnehmbar) an Endabnehmer, die üblicherweise über Marken auf ihrem Fachgebiet gut unterrichtet sind und neuen Kennzeichnungen mit größerer Aufmerksamkeit begegnen als das breite Publikum,[70] beurteilt sich die Ähnlichkeit der sich gegenüberstehenden Marken nur nach der Meinung der Fachleute.[71]

---

67   Ständige Rechtsprechung: BGH, GRUR 2008, 258 – INTERCONNECT/T-InterConnect; BGH, GRUR 2008, 905 – Pantohexal; BGH, GRUR 2008, 909 – Pantogast; BGH, GRUR 2008, 1002, 1004 – Schuhpark; BGH, GRUR 2008, 903, 904 – Sierra Antiguo; EuGH, GRUR Int. 2004, 843, 845 – Matratzen; EuGH, GRUR 2007, 700, 701 – HABM/Schecker.

68   Vgl. EuGH, GRUR 1988, 387, 390 – Sabel/Puma; EuGH, GRUR Int. 1999, 734, 736 – Lloyd; BGH, GRUR 1996, 200, 201; BGH, GRUR 1998, 927, 929 – Compo-sana; BGH, GRUR 1998, 932, 933 – Meister Brand.

69   EuGH GRUR 2005, 1042 – THOMSON LIFE; EuGH, GRUR 2007, 700 – Limoncello; BGH, GRUR 2008, 903 – SIERRA ANTIGUO; BGH, GRUR 2008, 909 – Pantogast; GRUR 2006, 859 – Malteserkreuz; BGH, GRUR 2005, 326, 327 – Il Patronel/Il Patrone.

70   BGH, GRUR 1958, 604, 606 – Wella-Perla; EuGH, GRUR Int. 2005, 600, 601 – Faber.

71   *Ströbele*, in: Ströbele/Hacker (Hrsg.), Markengesetz, 9. Aufl., 2009, § 9 Rn 172; BPatG, Beschl. v. 2.10.2007, 33 W (Pat) 135/06 – ReNo-Office/ReNo.

Bei der Gegenüberstellung zweier Marken zur Feststellung des Vorliegens von Verwechslungsgefahr, die immer eine Frage des Einzelfalls ist, sind die sich gegenüberstehenden Zeichen in phonetischer und schriftbildlicher Sicht sowie mit Blick auf ihre begriffliche Bedeutung miteinander zu vergleichen. Bei Wortmarken spielt die phonetische Verwechselbarkeit der Zeichen dabei eine maßgebliche Rolle.

112

Stünden sich beispielsweise die Zeichen „LARA" und „LORA" gegenüber, könnte mit Blick auf die phonetische Gleichartigkeit in etwa wie folgt argumentiert werden:

113

Die sich gegenüberstehenden Marken „LARA" und „LORA" unterschieden sich lediglich in dem Vokal „a" gegenüber „o".

114

Die Phonetik unterscheidet zwischen so genannten Vorderzungenvokalen (i, e) und Hinterzungenvokalen (u, o) und geschlossenen Vokalen (i, u, o) und offenen Vokalen (a, e) zu unterscheiden. Das „a" ist ein langer, ungerundeter (die Lippen sind passiv, lockere hochrunde Öffnungsstellung), Vokal. Der Zungenrücken wölbt sich geringfügig zum hinteren Hartgaumen (Postdorsal) auf. Der Kieferwinkel ist am größten. Im so genannten Vokalviereck steht das „a" dementsprechend auf der unteren Tangente.

115

Das „o" hingegen ist ein langer, stark gespannter, gerundeter (vorgestülpter) Hinterzungenvokal. Die Hinterzunge wölbt sich stark zum weichen Gaumen auf. Der Kieferwinkel ist relativ groß, kleiner als bei den A-Lauten, größer als bei den U-Lauten. Das „o" befindet sich dementsprechend im so genannten Vokalviereck auf der rechten oberen Tangente.

116

Zur Darstellung aller Vokale wird das so genannte Vokaldreieck oder Vokaltrapez genutzt. Darin sind die Vokale in einer Richtung nach dem zu ihrer Bildung notwendigen Grad der Öffnung des Mundraumes von offen (A-Laut) nach geschlossen (O-Laut) angeordnet. In der anderen Richtung werden sie in vorne (E-, I-Laute) und hinten (O-, U-Laute) im Mundraum entstehend unterteilt. Sie heißen dementsprechend Vorderzungenvokale bzw. Hinterzungenvokale.

117

Dies vorausgeschickt unterscheiden sich die hier streitgegenständigen Vokale „a" und „o" sowohl in ihrer phonetischen Einordnung als auch eindeutig in ihrem Klangbild. Die beiden kurzen, zweisilbigen Markenwörter unterscheiden sich damit in klanglicher Hinsicht hinreichend, so dass sie trotz der Übereinstimmungen in drei von vier Lauten (l, r, a) und einem auch weitgehend übereinstimmenden Sprechrhythmus signifikante Unterschiede in beiden Sprechsilben bzw. in der für das Klangbild bedeutsamen Vokalfolge aufweisen, die nicht unbemerkt bleiben.

118

119   So hebt sich bereits der insbesondere am Wortanfang klangstarke Sprenglaut „a" der Marke „LARA" deutlich von dem geschlossenen, tief klingenden Laut „o" am Anfang der Marke „LARA" ab und führt zu einer markanten Abweichung im Klangbild beider Marken. Im Gegensatz zur Marke mit der Vokalfolge „LA" wird das Gesamtklangbild der Marke „LORA" durch die Folge „LO" geprägt. Da es sich zudem um kurze und leicht erfassbare Markenwörter handelt, bei denen Abweichungen das gesamte Klanggepräge ohnehin starker beeinflussen als bei längeren Markenwörtern, begründen diese Unterschiede in beiden Wortsilben in ihrer Gesamtheit trotz des gemeinsamen Konsonanten „L, RA" eine auch bei ungünstigen Übermittlungsbedingungen nicht zu überhörende und zudem wegen des deutlich unterschiedlichen Klangcharakters beider Silben leicht erinnerbare Abweichungen im gesamten Klangbild beider Marken. Zwischen „LORA" und „LARA" bestehen dementsprechend in der Aussprache und in der Betonung derart erhebliche Unterschiede, dass beide Begriffe in klanglicher Hinsicht nicht verwechselt werden können.

120   In schriftbildlicher Hinsicht wären beide Zeichen (als reine Wortmarken) sicherlich als verwechselungsfähig anzusehen, denn insoweit könnte ein unsauber geschriebenes „a" auch wie ein „o" erscheinen und umgekehrt. Wäre die Marke „LORA" hingegen grafisch besonders gestaltet während „LARA" eine reine Wortmarke wäre, könnte eine schriftbildliche Verwechselbarkeit auch ausscheiden.

121   Hinsichtlich der begrifflichen Bedeutung beider Zeichen empfiehlt sich immer eine Recherche im Internet oder in Bedeutungswörterbüchern.[72] Die Internetrecherche zu den Begriffen „LORA" und „LARA" liefert folgende Ergebnisse:

„LORA" steht für:
- Lora (Wein), ein billiger Wein der Antike
- eine Form der weiblichen Vornamen Eleonore oder Hannelore
- Lokalradio als Abkürzung
- Radio LoRa in Zürich, ältestes freies Radio der Schweiz
- LORA München, ein freies Radio in München, umgangssprachlich auch Radio Lora

„LARA" bezeichnet:
- einen weiblicher Vorname, siehe Lara (Name)
- der Name einer Auszeichnung aus Deutschland, die für Computer- und Videospiele vergeben wird, siehe Lara-Award

---

72   Beispielsweise DUDEN Bedeutungswörterbuch, Band 10 der DUDEN Standardreihe.

- eine der wichtigsten Familien Kastiliens im Mittelalter, siehe Haus Lara
- der Alfoz de Lara, ein Gemeindeverband bei Burgos als Machtzentrum des Hauses Lara
- ein Bundesstaat Venezuelas, siehe Lara (Venezuela)
- ein Stadtteil von Antalya (Türkei)
- eine fiktive weibliche Videospielfigur Lara Croft
- Lara (Monção), Gemeinde in Portugal

Auch in diesem Punkt ist eine begriffliche Ähnlichkeit der beiden Zeichen allenfalls in ihrer Funktion als weibliche Vornamen zu erkennen. Es ließe sich also durchaus vertreten, die beiden Zeichen seien unähnlich.[73] **122**

3. Verwässerung oder Rufausbeutung, § 9 Abs. 1 Nr. 3 MarkenG

Für den Schutz sog. bekannter Marken vor Verwässerungen schafft § 9 Abs. 1 Nr. 3 MarkenG eine Erleichterung dahingehend, dass bereits der Umstand, dass eine eingetragene Marke mit einer angemeldeten oder eingetragenen bekannten Marke identisch oder ähnlich ist, zur Löschung der jüngeren Marke führen kann, ohne dass es (wie bei § 9 Abs. 1 Nr. 2 MarkenG) noch auf eine Identität oder Ähnlichkeit der Waren oder Dienstleistungen für die die Marken geschützt sind, ankäme. **123**

Hierfür muss es sich bei der Widerspruchsmarke[74] um eine „bekannte" Marke handeln. Ob eine Marke bekannt i.S.d. § 9 Abs. 1 Nr. 3 MarkenG ist, ist Tatfrage. Sie kann insbesondere – dies zeigt die divergierende Rechtsprechung – nicht an bestimmten Prozentsätzen festgemacht werden. Will man die Bekanntheit einer Marke nachweisen, hat sich in der Vergangenheit die Erstellung demoskopischer Gutachten (sog. Verkehrsbefragungen) angeboten, auch wenn diese weder im MarkenG noch in der MarkenV ausdrücklich genannt werden. **124**

Des Weiteren muss die Benutzung der eingetragenen Marke dazu geeignet sein, die Unterscheidungskraft oder die Wertschätzung der bekannten Marke ohne rechtfertigenden Grund in unlauterer Weise auszunutzen oder zu beeinträchtigen. **125**

---

73 Bei entsprechender Argumentation ließe sich aber sicherlich auch das Gegenteil herleiten. Sie sehen, die Verwechslungsfähigkeit ist Wertungsfrage, eine gute Argumentation unerlässlich.

74 Eine Widerspruch auf Basis des § 9 Abs. 1 Nr. 3 MarkenG ist seit Inkrafttreten des Gesetzes zur Vereinfachung und Modernisierung des Patentrechts vom 31.7.2009 (BGBl 2009, Teil I, Nr. 50) am 1.10.2009 auch auf Grundlage des § 9 Abs. 1 Nr. 3 MarkenG möglich (siehe § 42 MarkenG). Bis zum 1.10.2009 konnte ein Widerspruch hingegen nur auf die Tatbestände des § 9 Abs. 1 Nr. 1 und Nr. 2 MarkenG gestützt werden.

126 Hierzu ist in jedem Fall erforderlich, dass der Verkehr zwischen der eingetragenen Marke und der bekannten Marke überhaupt eine gedankliche Verknüpfung vornimmt bzw. das angegriffene Zeichen geeignet ist, die bekannte Marke in Erinnerung zu rufen.[75] Dies ist anhand aller Umstände des Einzelfalles umfassend zu beurteilen. Zu diesen Umständen gehören nach der Rechtsprechung des EuGH beispielsweise der Grad der Ähnlichkeit der Vergleichszeichen, der Grad der Unähnlichkeit der sich gegenüberstehenden Waren oder Dienstleistungen, das Ausmaß der Bekanntheit der Widerspruchsmarke und der Grad ihrer Kennzeichnungskraft.[76]

127 Verwässerungsgefahr wurde beispielsweise angenommen zwischen Internetdomains eines Anwalts mit den Bestandteilen „anwalt-ebay", „rechtsberatung-ebay", „ebay-recht" und der Marke „eBay".[77]

4. Kollisionsmarken finden

128 Wegen der bei bestehenden relativen Schutzhindernissen bestehenden Gefahr der Markenlöschung sollte bereits im Vorfeld der Markeneintragung nach etwaigen Kollisionszeichen gesucht werden. Hierzu sind – auch bei Eintragung einer Deutschen Marke – neben dem deutschen Markenregister, auch die Online-Markenrecherche beim HABM, sowie die Recherche nach international auf Deutschland erstreckten Marken bei der WIPO zu bemühen.

129 Die Register sind abrufbar unter:

http://register.dpma.de/DPMAregister/marke/einsteiger (DPMA)

http://oami.europa.eu/CTMOnline/RequestManager/de_SearchBasic (HABM)

http://www.wipo.int/ipdl/en/madrid/search-struct.jsp (WIPO)

130 Die Suche sollte dabei so angelegt werden, dass neben der Suche nach identischen Marken, auch möglichst viele „ähnliche" Marken gefunden werden. Hierzu bietet es sich an, die einzutragende Marke abgekürzt, beispielsweise „Sol*" anstatt „Soldan" oder in ähnlichen Schreibweisen („Saldan"; „Soltan" usw.) als Suchkriterium zu verwenden. Finden sich identische oder ähnliche Marken, sind sodann die Waren- und Dienstleistungsklasse nach o.g. Kriterien auf Identität oder Ähnlichkeit zu untersuchen. Gleiches gilt für die Beurteilung der Ähnlichkeit älterer Marken

---

75 Vgl. EuGH, GRUR 2009, 56 – Intel Corporation/CPM United Kingdom.
76 EuGH, GRUR 2004, 58 – Adidas/Fitnessworld; EuGH, GRUR 2008, 503, 505 – adidas/Marca Mode u.a.; EuGH, GRUR 2009, 56 – Intel Corporation/CPM United Kingdom; *Hacker*, in: Ströbele/Hacker (Hrsg.), Markengesetz, 9. Aufl., 2009, § 14 Rn 234.
77 LG Hamburg, GRUR-RR 2009, 106.

mit der einzutragenden Marke. Hinsichtlich der Suche bei der WIPO ist darauf zu achten, dass nur solche Marken, die auch über eine Erstreckung in die Bundesrepublik verfügen, zu berücksichtigen sind.

Neben der Suche in den einzelnen Markenregistern, empfiehlt sich immer auch **131** eine Suche über das Internet, beispielsweise die Suchmaschine „Google", um ggf. der Eintragung entgegenstehende Benutzungsmarken und/oder geschäftliche Bezeichnungen frühzeitig ausfindig zu machen. Auch diese Rechte können über §§ 42 Abs. 2 Nr. 4, 12 MarkenG der Eintragung einer jüngeren Marke entgegengehalten werden.

5. Zulässigkeit sog. Markenparodien

Trotz der Annahme einer Verwechslungsgefahr oder der Gefahr der Verwässerung **132** kann eine Marke eintragungsfähig sein, soweit sich der Inhaber im Hinblick auf die Nutzung einer ähnlichen Marke auf die Meinungs- oder Kunstfreiheit (Art. 5 GG) berufen kann, dies ist insbesondere bei Markenparodien der Fall. Zur Problematik der markenrechtlich zumeist nicht relevanten so genannten „Fake-Werbung" vgl. *Sosnitza*, GRUR 2010, 106 ff.

Dem Schutz der Kunstfreiheit unterfallen nicht nur Werke, die über eine gewisse **133** Gestaltungshöhe verfügen. Nach der Rechtsprechung des Bundesverfassungsgerichts ist die freie schöpferische Gestaltung, in der Eindrücke, Erfahrungen und Erlebnisse des Künstlers durch das Medium einer bestimmten Formsprache zu unmittelbarer Anschauung gebracht werden, das Wesentliche der künstlerischen Betätigung (vgl. BVerfGE 30, 173, 188 f.; 31, 229, 238). Da die Kunstfreiheit grundsätzlich jede künstlerische Aussage schützt, unterfällt ihrem Schutzbereich auch die Verwendung eines Kennzeichens, in der die Eindrücke des Künstlers von der älteren Marke und deren Werbung humorvoll-satirisch aufgegriffen werden.

Die Kunstfreiheit nach Art. 5 Abs. 3 Satz 1 GG besteht jedoch nicht schrankenlos. **134** Vielmehr findet sie ihre Begrenzung in anderen kollidierenden Grundrechten, zu denen auch (ältere) Markenrechte zählen. Die sich hieraus im Falle der „Markenparodie" ergebende Kollision grundrechtlich geschützter Werte ist auf der Grundlage der verfassungsrechtlichen Wertordnung aufzulösen. Wie hier zu entscheiden ist, ist eine Frage des Einzelfalls. Aus der bisherigen Rechtsprechung sind u.a. folgende Fälle bekannt:

Der Beklagte vertrieb die von Rainer Maria Milka entworfene Postkarte (vgl. die **135** Abbildung im Anhang), auf der sich der Künstler satirisch mit der allgegenwärtigen Präsenz der Werbung der Klägerin (Milka), wie sie durch die Gestaltung der

Karte zum Ausdruck kommt, auseinandersetzt. Da der BGH (BGH, GRUR 2005, 583 – Lila Postkarte) in dieser Form der satirischen Auseinandersetzung eine Herabsetzung oder Verunglimpfung der Marken der Klägerin nicht feststellen konnte, sondern die Gestaltung der Postkarte vielmehr als witzig und humorvoll ansah, habe der Schutz der Kunstfreiheit im Streitfall Vorrang vor dem Schutz der Eigentumsgarantie nach Art. 14 Abs. 1 S. 1 GG.

136

Im Fall „Pudel" hingegen obsiegte die Eigentumsgarantie. Im Streitfall sei davon auszugehen – so das LG Hamburg (LG Hamburg, Urt. v. 10.2.2009, 312 O 394/08 – „Pudel") – dass die Verwendung des „Pudel-Logos" auf Textilien einzig und allein dazu diene, diese in möglichst großer Stückzahl zu verkaufen. Weiterhin sei anzumerken, dass die Antragsgegnerin das „Pudel-Logo" gerade auch für die Waren verwendet, welche auch die Antragstellerin regelmäßig mit ihrem Kennzeichen versieht – mithin eine Verwendung des „Pudel-Logos" im identischen Warenbereich erfolgt. Daher sei davon auszugehen, dass das „Pudel-Logo" ausschließlich zum kommerziellen Vertrieb entsprechend gekennzeichneter Produkte verwendet wird und eine Berufung auf Art. 5 GG ausscheidet.

137

Eine zulässige „Parodie" sah das OLG Hamburg (OLG Hamburg, GRUR-RR 2005, 258) in der nebenstehenden Marke, die das „AOL-Logo" identisch verwendet. „Die angegriffene Gestaltung verknüpft in humorvoll-satirischer Weise die Werbung der Antragstellerin dafür, dass man auf äußerst simple Weise in das Internet gelangen kann, mit der Erlangung eines Abschlusses, der die allgemeine Hochschulreife bescheinigen soll, mithin Anspruch auf ein gewisses Bildungsniveau erhebt. Man mag darin auch eine Anspielung auf die Qualität des heutigen Abiturabschlusses sehen, die von Kritikern des Bildungssystems häufig als zu gering beklagt wird. Das als Kennzeichen geschützte AOL-Symbol verstärkt die Bezugnahme auf die Antragstellerin, ist jedoch – wie ausgeführt – in der Gesamtdarstellung von eher untergeordneter Bedeutung. Die Kunstfreiheit setzt sich daher hier in Abwägung zu den von Art. 14 GG geschützten Kennzeichenrechten der Antragstellerin durch" heißt es in den Urteilsgründen.

VI. Sonderproblem: Domains und das Markenrecht

1. Domain zusammen mit der Marke sichern

Das durch die Registrierung einer Internetdomain begründete „vertragliche" Recht **138** unterfällt dem Schutzbereich des Grundgesetzes (Art. 14 Abs. 1 GG) und des Art. 1 des 1. Zusatzprotokolls zur EMRK und ist damit als Eigentumsrecht anerkannt. Dies ist, spätestens seit der Entscheidung des Bundesverfassungsgerichts in der Rechtssache „ad-acta.de"[78] in Deutschland herrschende Rechtsauffassung und wurde zwischenzeitlich auch durch den Europäischen Gerichtshof für Menschenrechte bestätigt.

Oftmals sehen sich Domaininhaber Ansprüchen von Marken- und Namensinhabern **139** ausgesetzt, die von Ihnen – meist im Wege der Abmahnung – markenrechtliche Unterlassungsansprüche aus dem Grunde geltend machen, dass die Internetdomain mit einem Kennzeichenrecht oder einem Namensrecht (§ 12 BGB) identisch/verwechslungsfähig sei. Verbunden wird dieser Anspruch in aller Regel mit dem Verlangen, der Domaininhaber solle, um die Verletzung einzustellen, in die Löschung seiner Domainrechte beispielsweise bei der DENIC e.G. einwilligen. Noch vor drei Jahren wären die Markeninhaber mit diesem Verlangen auch vor den deutschen Gerichten durchgedrungen. In nahezu allen bis dahin bekannt gewordenen Verfahren (das berühmteste dürfte wohl das Verfahren um die Domain „shell.de" gewesen sein) war der Domaininhaber durch alle Instanzen zur Löschung seiner streitgegenständlichen Domains verurteilt worden. Einfachgesetzlich wie verfassungsrechtlich stützten sich die Entscheidungen stets auf einen Vorrang der marken- bzw. namensrechtlichen Rechtsposition vor dem vertraglich begründeten Eigentumsrecht des Domaininhabers. So stellte das BVerfG fest, dass die markenrechtlichen Vorschriften der §§ 5, 15 MarkenG verfassungsrechtlich unbedenkliche Inhalts- und Schrankenbestimmungen darstellen und daher im Falle der Beeinträchtigung des Markenrechts auch die Löschung einer Internetdomain rechtfertigen könnten. Die Löschung sei dabei insbesondere zur Beseitigung der markenrechtlichen Störung geeignet, erforderlich und auch angemessen.[79] Diese vielfach kritisierte Rechtsauffassung[80] hat nunmehr, nicht durch verfassungsgerichtliche, sondern durch bundesgerichtliche Intervention zumindest im Bereich des Markenrechts eine Kehrtwende gemacht. Mit Urteil vom 19.7.2007 hat der BGH[81] näm-

---

78 BVerfG, Beschl. v. 24.11.2004 = MMR 2005, 165 m. Anm. *Kazemi/Leopold*.
79 BVerfG, MMR 2005, 165, 166.
80 Vgl. *Kazemi/Leopold*, MMR 2004, 287, 289 f. m.w.N.
81 BGH, Urt. v. 19.7.2007 – I ZR 137/04.

lich klargestellt, dass ein markenrechtlich begründeter Domainlöschungsanspruch nur dann begründet wäre, wenn bereits das Halten eines Domain-Namen für sich gesehen eine Rechtsverletzung darstellt. Hiervon soll jedoch „nur dann ausgegangen werden dürfen, wenn jede Verwendung auch dann, wenn sie im Bereich anderer Branchen, als der für die der Anspruchsteller Markenschutz beanspruchen kann, erfolgt, zumindest eine nach § 15 Abs. 3 MarkenG unlautere Ausnutzung oder Beeinträchtigung der Unterscheidungskraft oder Wertschätzung des Kennzeichens darstellt". Gerade dies aber könne nach der Lebenserfahrung grundsätzlich nicht angenommen werden. Kurz gesagt, ein „Schlechthinbenutzungsverbot" an einer Internetdomain und damit ein Löschungsanspruch kann aus einem Markenrecht nicht hergeleitet werden. Solange der Domaininhaber die Internetdomain also noch gar nicht mit Inhalten oder aber mit branchenfremden Inhalten gefüllt hat, scheidet ein Löschungsanspruch aus. Nur eine derartige Rechtsansicht führt auch zu einem gerechten Ausgleich der widerstreitenden Interessen. Diesen Rechtsstandpunkt hat der BGH nunmehr auch in seiner Entscheidung "ahd.de" bekräftigt.[82]

140 Jedem Markenanmelder ist daher dringend zu empfehlen, mit oder vor der Markeneintragung auch die entsprechenden Internetdomains zu registrieren.

2. Kennzeichenschutz und markenmäßige Benutzung von Domainnamen

141 Mit Urteil vom 14.5.2009 (I ZR 231/06) hat sich der BGH mit der Frage auseinandergesetzt unter welchen Voraussetzungen eine Internetdomain – hier airdsl.de – Kennzeichenschutz erlangen kann und wann von einer markenmäßigen Benutzung eines Domainnamens auszugehen ist.

142 Der Fall:

Die Kläger sind Inhaber der mit Priorität vom 26.08.2002 für "Datenverarbeitungsgeräte und Computer; Telekommunikation; Entwurf und Entwicklung von Computerhardware" eingetragenen Wortmarke Nr. 30242431.8 air-dsl. Die e-net GmbH, die die Dienstleistungen eines Internet-Service-Providers erbringt, hat eine Lizenz an der Marke erworben und kennzeichnet damit eine von ihr angebotene besonders schnelle Internetverbindung per Funk.

---

82 BGH, Urt. v. 19.2.2009 – I ZR 135/06 – ahd.de; auch BGH, Urt. v. 24.4.2008 – I ZR 159/05 – afilias.de.

Die Beklagte ist ebenfalls als Internet-Service-Provider tätig. Für sie sind seit dem Jahr 1998 die Domainnamen airdsl.de und air-dsl.de bei der DENIC registriert. Unter diesen Domainnamen betrieb sie ein Informations- und Shop-Portal, das sich auch zu Internetzugängen über DSL verhielt.

Die Kläger sehen in der Benutzung der Domainnamen airdsl.de und air-dsl.de eine Verletzung ihres Rechts an der Wortmarke air-dsl.

Nachdem das OLG die Klage abgewiesen hat, führt die Revision nunmehr zur Aufhebung des OLG-Urteils und zur Verurteilung der Beklagten.

Die Entscheidung: **143**

Die Beklagte hatte sich unter anderem damit verteidigt, sie habe durch die Registrierung der streitgegenständlichen Internetdomains ein gegenüber der Klagemarke prioritätsälteres Recht erworben, welches dem Unterlassungsbegehren der Kläger entgegen stünde.

Der BGH sieht in den streitgegenständlichen Domainnamen weder ein **Unternehmenskennzeichen** (§ 5 Abs. 1 und 2 MarkenG) noch einen **Werktitel** (§ 5 Abs. 1 und 3 MarkenG).

Nach Ansicht des BGH ist allein mit der Registrierung eines Domainnamens keine Benutzung im geschäftlichen Verkehr verbunden, weswegen die Beklagte, die die Benutzung ihrer Internetseite erst im Jahre 2003 aufgenommen hat, auch erst ab diesem Zeitpunkt ein Unternehmenskennzeichen hätte erwerben können.

Auch die Erlangung eines Werktitelrechts verneint der BGH. Zwar hatte die Beklagte bereits vor dem Anmeldetag der Klagemarke auf ihrem Internetportal einen zukünftigen Internetauftritt unter den Domainnamen als Werktitel angekündigt, doch erfordert die Vorverlagerung des Werktitelschutzes aufgrund einer sog. Titelschutzanzeige [„hier entsteht demnächst"], dass das Werk in branchenüblicher Weise öffentlich angekündigt wird. Für eine öffentliche Titelankündigung in vorgenanntem Sinne an interessierte Mitbewerber reicht – nach Ansicht des Gerichts – jedoch die bloße Angabe auf einer eigenen Internetseite der Werktitelschutz beanspruchenden Partei nicht aus, so dass auch insoweit die Erlangung eines prioritären Kennzeichenschutzes gegenüber den Klägern ausschied.

Nach Ansicht des Senats war die Nutzung der Internetdomains durch die Beklagte auch als **markenmäßig** einzustufen, denn die angegriffenen Domainnamen beschränkten sich nicht auf eine reine Adressfunktion. Die Beklagte betrieb unter den Domainnamen vielmehr ein Informations- und Shop-Portal, in dem sie die

111

Leistungen anbot und bewarb. Die Domainnamen erschienen damit als Hinweis auf die Herkunft der angebotenen Leistungen.

Auch der Umstand, dass sich die Domainnamen airdsl und air-dsl auf der mit „adsl.de/DSL Informations- und Shopportal" überschriebenen Internetseite befanden, hindert eine markenmäßige Benutzung nicht. Denn auch im Falle einer Weiterleitung auf eine andere Internetseite werde der Verkehr in einem unterscheidungskräftigen Domainnamen einen Hinweis auf die betriebliche Herkunft der angebotenen Leistungen sehen.

B. Der Antrag auf Eintragung der Marke – Ablauf des Eintragungsverfahrens

144 Ist eine Marke gefunden, der nach der Vorfeldprüfung keine absoluten oder relativen Schutzhindernisse entgegenstehen, sollte zusammen mit dem Mandanten entschieden werden, wo die Marke eingetragen wird. Hier kommen grundsätzlich die Eintragung einer reinen Deutschen Marke, einer Gemeinschaftsmarke oder die Erstreckung einer dieser Markenformen auf bestimmte außereuropäische Staaten in Betracht. Die Entscheidung, wo die Marke eingetragen wird hängt dabei maßgeblich von den Interessen des Mandanten ab. Beabsichtigt dieser ein Tätigwerden nur in der Bundesrepublik wird die Eintragung einer Deutschen Marke in der Regel ausreichend sein, ist hingegen ein Tätigwerden – auch in Nachbarländern geplant – sollte eine Gemeinschaftsmarke eingetragen werden. Bestehen Handelsbeziehungen zu anderen außereuropäischen Ländern kann sich auch eine gezielte internationale Erstreckung anbieten.

I. Deutsches Patent- und Markenamt (DPMA)

145 Das Registrierungsverfahren beim DPMA folgt den Bestimmungen der § 32 ff. MarkenG sowie ergänzend den Bestimmungen der MarkenV und der Verordnung über das Deutsche Patent- und Markenamt (DPMAV).

146 Zum Zwecke der Anmeldung einer Markeneintragung in das deutsche Markenregister ist beim DPMA ein entsprechender Antrag zu stellen. Dieser muss neben Angaben zur Identität des Anmelders,[83] eine klare und eindeutige Wiedergabe der

---

83 Hierzu § 4 A.I.

Marke[84] sowie ein Verzeichnis der Waren und Dienstleistungen,[85] für die die Eintragung beantragt wird, enthalten. Dabei sollte auf das vom Markenamt gestaltete Formblatt W 7005 zurückgegriffen werden, welches im Internet unter: http://www.dpma.de/marke/formulare/index.html sowohl als Worddokument als auch als PDF heruntergeladen werden kann.

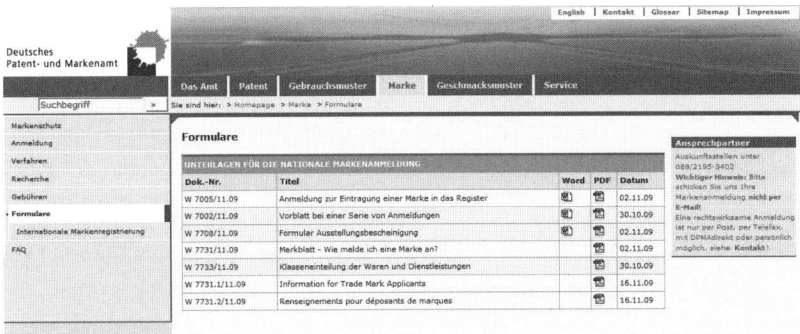

Das ausgefüllte Formular ist zusammen mit dem Waren- und Dienstleistungsverzeichnis (zweifache Ausfertigung) an das DPMA zu übermitteln. **147**

Hierbei ist darauf zu achten, dass bei juristischen Personen die Firma so angegeben wird, wie sie im Handelsregister eingetragen ist. **148**

Soll die Anmeldung für mehrere Personen (gemeinschaftlich) erfolgen, ohne dass diese Personen gesellschaftsrechtlich miteinander verbunden wären (Bruchteilsgemeinschaft), sind die Namen und Wohnanschriften aller Einzelpersonen anzugeben. **149**

Bei der Eintragung für eine GbR ist daran zu denken, dass Name und Anschrift von mindestens einem vertretungsberechtigten Gesellschafter angegeben wird (§ 5 Abs. 1 Nr. 2 S. 2 MarkenV). **150**

Werden Sie als anwaltlicher Vertreter für ihren Mandanten tätig, so haben Sie dies ebenfalls in der Anmeldung anzugeben. Eine Vollmacht muss dem DPMA hingegen nur vorgelegt werden, wenn der Vertreter kein Rechts- oder Patentanwalt ist (§ 15 Abs. 4 DPMAV), in allen anderen Fällen reicht die Angabe, dass es sich bei dem Vertreter um einen Rechtsanwalt handelt. **151**

---

84 Hierzu § 4 A.III.
85 Hierzu § 4 A.II.

152   Angegeben werden muss ferner, wie die Gebühren für die Markenanmeldung geleistet werden und in welcher Höhe diese nach Auffassung des Anmelders anfallen. Die Höhe der Gebühren kann dem Kostenmerkblatt über die Gebühren und Auslagen des DPMA und des BPatG „A 9510"[86] entnommen werden.

153   Für die Anmeldung der Marke ist in jedem Fall eine Anmeldegebühr zu bezahlen, welche die Klassengebühr für bis zu drei Klassen umfasst. Diese Gebühr beträgt bei der nichtelektronischen Einreichung der Markenanmeldung 300,00 Euro. Wird die Marke für weitere Waren und Dienstleistungen angemeldet, fallen ab der vierten Klasse weitere Klassengebühren an, die derzeit 100,00 EUR für jede weitere Klasse betragen. Die Gebühren sind mit der Einreichung der Anmeldung fällig; ihr Ausgleich hat auch materiell-rechtlich erhebliche Bedeutung und sollte dementsprechend nicht verzögert werden.

154   Fehlt es an der Zahlung der Gebühren über einen Zeitraum von mehr als drei Monaten nach Eingang der Anmeldung beim DPMA, so gilt die Anmeldung als zurückgenommen (§ 6 Abs. 1 PatKostG).

155   Es empfiehlt sich dementsprechend, dem DPMA zusammen mit der Markenanmeldung eine Einzugsermächtigung für die Gebühren zu erteilen. Hierzu sollte ebenfalls Rückgriff auf das amtliche Formblatt[87] genommen werden, welches dem Amt entweder **nur per Post** oder **nur per Fax** übermittelt werden kann.

156   Neben der Erteilung einer Einzugsermächtigung kann die Gebühr auch durch Überweisung auf das Konto der Bundeskasse Weiden oder durch Bareinzahlung an den Schaltern der Dokumentenaufnahme (in den Dienststellen München und Jena und im technischen Informationszentrum in Berlin) oder durch Bareinzahlung bei einem inländischen oder ausländischen Geldinstitut auf das Konto der Bundeskasse Weiden erfolgen.

157   Ist ein den formalen Erfordernissen entsprechender Antrag zum DPMA versandt worden, gilt der Tag, an dem die Anmeldung beim DPMA eingegangen ist, auch im Hinblick auf die der Marke zukommenden Priorität, als ausschlaggebend. Entspricht der Antrag hingegen nicht den Mindestangaben des § 32 Abs. 2 MarkenG können die Angaben zwar innerhalb einer vom DPMA gesetzten Frist nachgereicht werden; der Anmeldetag verschiebt sich dann allerdings auf den Zeitpunkt der Mängelbeseitigung, was gleichzeitig eine Prioritätsverschiebung beinhaltet. Wird

---

86   Http://www.dpma.de/service/formulare_merkblaetter/formulare/index.html.
87   Abrufbar unter: http://www.dpma.de/docx/service/formulare/allgemein/a9507.pdf.

die vom DPMA gesetzte Frist zur Mängelbeseitigung versäumt, gilt die Anmeldung als nicht eingereicht (§ 36 Abs. 2 S. 1 MarkenG).

Weist die Anmeldung über § 32 Abs. 2 MarkenG hinaus, insbesondere nach den Vorgaben der MarkenV, Mängel auf, ist eine Korrektur innerhalb der vom DPMA dafür gesetzten Frist ohne Prioritätsverschiebung möglich (§ 36 Abs. 4 MarkenG). Wird diese Frist versäumt, weist das DPMA die Anmeldung zurück. **158**

Ist die Anmeldung ordnungsgemäß eingegangen und sind die Gebühren beglichen, wird von der zuständigen Markenstelle eine Prüfung der angemeldeten Marke mit Blick auf etwaige absolute Schutzhindernisse vorgenommen. Das DPMA orientiert sich dabei – entsprechend den bereits dargestellten Anforderungen – am Waren- und Dienstleistungsverzeichnis. Recherchemittel sind das Internet, Wörterbücher, Lexika und die in der Bibliothek des DPMA verfügbare Fachliteratur. Die Internetrecherche ist – dies zeigen die Erfahrungen – die am häufigsten verwendete Rechercheart des DPMA und besteht in der Eingabe des Markenwortes oder einzelner Bestandteile hiervon in eine der gängigen Suchmaschinen. Haben Sie sich bereits im Vorfeld der Markeneintragung mit dieser Recherchemöglichkeit beschäftigt,[88] dürften der Markeneintragung auch nach der Recherche des DPMA keine absoluten Schutzhindernisse entgegen stehen. **159**

Kommt das DPMA dennoch zu dem Ergebnis der Markenanmeldung könnten Schutzhindernisse entgegen stehen oder (was weitaus häufiger der Fall ist) das Waren- und Dienstleistungsverzeichnis weist Ungenauigkeiten auf,[89] so teilt das Amt dies im Rahmen eines so genannten Beanstandungsbescheides mit und gibt innerhalb einer bestimmten Frist Gelegenheit zur Stellungnahme. Zumeist konzentrieren sich die Beanstandungen des DPMA dabei auf Mängel im Waren- und Dienstleistungsverzeichnis, welches oftmals zu unbestimmt, nicht klassifizierbar oder falsch gruppiert wurde. In aller Regel teilt die Markenstelle einen Formulierungsvorschlag mit, um etwaige Ungenauigkeiten im Waren- und Dienstleistungsverzeichnis zu beseitigen. **160**

Bestehen nach der Beseitigung etwaiger Beanstandungen keine weiteren Hindernisse gegenüber der Markeneintragung, wird die Marke in das Register eingetragen (§ 41 S. 1 MarkenG). Die Veröffentlichung der Eintragung erfolgt sodann im Markenblatt (§ 41 S. 2 MarkenV i.V.m. § 27 MarkenV), welches im Internet unter: http://register.dpma.de/DPMAregister/blattdownload/marken eingesehen werden **161**

---

88   Hierzu § 4 V.4.
89   Siehe Abb. unter § 4 II.1.

kann. Mit der Veröffentlichung im Markenblatt beginnt auch die dreimonatige Widerspruchsfrist, in der sich Inhaber kollidierender Schutzrechte mit Blick auf §§ 9, 11, 12 MarkenG oder aber mit Verweis auf vom Markenamt übersehene absolute Schutzhindernisse gegen die Markeneintragung mit dem Widerspruch wenden können.

162   Ist die dreimonatige Widerspruchsfrist abgelaufen, vermerkt das Amt im Register, dass die Marke ohne Widerspruch eingetragen ist.

163   Geht ein Widerspruch ein, schließt sich das Widerspruchsverfahren an. Hier wird zunächst dem Widersprechenden Gelegenheit gegeben, seinen Widerspruch zu begründen; dabei wird er sich in aller Regel auf relative Schutzhindernisse[90] nach § 9 MarkenG stützen. Die Beurteilung des Vorliegens derartiger Schutzhindernisse obliegt schlussendlich dem DPMA, dennoch empfiehlt es sich, auf die Argumente und Eingaben des Widersprechenden detailliert einzugehen, um den Bestand der Marke nicht zu gefährden.

164   Ist der Widerspruch begründet, so erfolgt eine Löschung der Marke durch das DPMA gegen die das Rechtsmittel der Beschwerde zum BPatG statthaft ist. Wird der Widerspruch als unbegründet bzw. unzulässig erkannt, wird er zurückgewiesen. In diesem Fall hat der Widersprechende ebenso die Möglichkeit, Beschwerde zum BPatG einzureichen.

II.   Harmonisierungsamt für den Binnenmarkt (HABM)

165   Anmeldungen für eine Gemeinschaftsmarke können nach Wahl des Anmelders beim DPMA in München oder direkt beim HABM in Alicante eingereicht werden. Auch wenn es auf den ersten Blick vorteilhaft erscheinen mag, auch Gemeinschaftsmarkenanmeldungen beim DPMA einzureichen, ist dies in der Praxis eher nicht zu empfehlen. Zwar verpflichtet die GMV die nationale Behörde dazu, die Anmeldung „binnen zwei Wochen" an das HABM weiterzuleiten (Art. 25 Abs. 2 S. 1 GMV), doch verbleibt das Risiko der rechtzeitigen Weiterleitung durch das DPMA beim Anmelder. Erfolgt die Weiterleitung nicht innerhalb einer Frist von zwei Monaten nach Eingang der Anmeldung beim DPMA, kommt es zu einer Prioritätsverschiebung; die Anmeldung verliert ihren ursprünglichen Zeitrang. Dementsprechend empfiehlt es sich, Gemeinschaftsmarken unmittelbar beim HABM in Alicante anzumelden.

---

90   Hierzu § 4 V.4.

Für die Anmeldung der Gemeinschaftsmarke hält auch das HABM ein Formular in **166** allen Amtssprachen der Gemeinschaft vor, dieses kann auf der Website des HABM unter http://www.oami.europa.eu heruntergeladen werden.

Das HABM bietet die Möglichkeit der elektronischen Anmeldung (so genanntes **167** E-Filling), bei dem die Anmeldung direkt im Browser durchgeführt werden kann.[91] Der Ablauf der Anmeldung kann in einem interaktiven Test auf den Seiten des HABM ausprobiert werden.[92] Für den Anmelder hat die elektronische Anmeldung den Vorteil, dass seine Angaben sofort elektronisch auf Vollständigkeit überprüft werden, dass ihm automatisch ein Anmeldetag zugewiesen wird und dass er sofort eine Gemeinschaftsmarkennummer erhält.

Anmeldesprache für die Gemeinschaftsmarke kann eine beliebige Amtssprache **168** des HABM sein, also auch die Deutsche. Zusätzlich ist bei Anmeldungen von Gemeinschaftsmarken jedoch eine zweite Sprache anzugeben, die eine der Amtssprachen des Harmonisierungsamtes sein muss. Neben dem Deutschen sind dies Englisch, Französisch, Italienisch und Spanisch. Mit der Wahl der zweiten Sprache erklärt sich der Anmelder damit einverstanden, dass diese als Verfahrenssprache im Widerspruchs-, Verfalls- oder Nichtigkeitsverfahren benutzt wird. Es ist dementsprechend eine Frage zu wählen, die der Anmelder auch beherrscht.

Die Anmeldung der Gemeinschaftsmarke muss bestimmte Mindestanforderungen **169** erfüllen. So ist neben Name und Anschrift des Anmelders, die Angabe der ersten und zweiten Sprache, die Wiedergabe der Marke, ein Verzeichnis der Waren und Dienstleistungen, für die die Marke eingetragen werden sollen, aufzuführen.

Nach Eingang der Gemeinschaftsmarkenanmeldung beginnt das HABM mit dem **170** Prüfungsverfahren, das folgende Verfahrensschritte umfasst:

- Die Zuweisung des Anmeldetages (Voraussetzung dafür ist, dass die Anmeldung die Mindestanforderungen erfüllt)
- Die Überprüfung der Klassifizierung der Waren und Dienstleistungen
- Die Prüfung der formellen Voraussetzung
- Die Zulassung oder Zurückweisung des Zeichens als Marke (Überprüfung auf absolute Eintragungshindernisse)
- Die Weiterleitung der Liste der Waren und Dienstleistungen an das Übersetzungszentrum für die Einrichtung der Europäischen Union (auch wenn die

---

91 http://oami.europa.eu/ows/rw/pages/CTM/regProcess/filing.en.do.
92 http://oami.europa.eu/ows/rw/resource/documents/OHIM/multimedia/demos/CTMEFI-LING/CompleteForm.htm.

Markenanmeldung in deutscher Sprache erfolgt, wird diese in allen Amtssprachen der Europäischen Union veröffentlicht).

171 Sollte das HABM im Rahmen des Prüfverfahrens Mängel an der Anmeldung feststellen, so wird dem Anmelder – ähnlich dem deutschen Anmeldeverfahren – ein Beanstandungsschreiben zugeschickt und ihm Gelegenheit gegeben, den Mangel binnen zwei Monaten zu beheben. Erfolgt dies nicht, so wird die Anmeldung vorläufig zurückgewiesen und wird erst dann wieder bearbeitet, wenn der Anmelder auf das Beanstandungsschreiben reagiert hat.

172 Bestehen keine absoluten Eintragungshindernisse und sind auch die sonstigen formalen Voraussetzungen der Markenanmeldung erfolgt, wird die Gemeinschaftsmarkenanmeldung in Teil A des Blattes für Gemeinschaftsmarken veröffentlicht. Mit der Veröffentlichung der Anmeldung in Teil A des Blattes für Gemeinschaftsmarken beginnt die dreimonatige Frist für die Einlegung eines Widerspruchs. Dieser kann – wie auch im deutschen Markenrecht – auf das Vorliegen relativer Eintragungshindernisse gestützt und ausschließlich direkt beim HABM nicht auch bei den nationalen Eintragungsbehörden eingereicht werden. Er richtet sich nach den Anforderungen der VERORDNUNG (EG) Nr. 2868/95 DER KOMMISSION über die Durchführung der Gemeinschaftsmarkenverordnung (GMVD).[93]

173 Anders als im deutschen Markenrecht findet auf den Widerspruch jedoch nicht sofort das kontradiktorische Verfahren statt, sondern schließt sich an den Widerspruch zunächst eine so genannte „Cooling Off"-Phase an, in der die Parteien über eine Vereinbarung zur Lösung des Konfliktes – ohne Beteiligung des HABM – verhandeln können. In diesem Zeitraum wird den Parteien damit Gelegenheit gegeben, das Verfahren – beispielsweise durch Vergleich oder Abschluss einer Markenabgrenzungsvereinbarung[94] – zu beenden, ohne dass ihnen zusätzliche Kosten entstehen.

174 Die Cooling-Off-Phase läuft zu Anfang zwei Monate nach Mitteilung der Zulässigkeit des Widerspruchs, sie kann jedoch um weitere 22 Monate verlängert werden. Erst nach Ablauf der Cooling-Off-Frist beginnt der kontradiktorische Teil des Verfahrens, in dem die Parteien Gelegenheit haben, ihre Stellungnahmen und Beweise vorzubringen, mit denen sie die Zurückweisung der Anmeldung bzw. des Widerspruchs begründen möchten.

---

93 Durchführungsverordnung über die Gemeinschaftsmarke, abrufbar unter: http://oami.europa.eu/ ows/rw/resource/documents/CTM/regulations/2868de-codified.pdf, dort Teil II, Regeln 15 bis. 22.

94 Ein gutes Muster nebst umfangreichen Erläuterungen findet sich bei *Fezer*, Handbuch der Markenpraxis 2007, Bd. 2.

Zunächst wird dabei dem Widerspruchsführer Gelegenheit gegeben, binnen einer **175** Frist von zwei Monaten Tatsachen, Beweismittel und Bemerkungen vorzubringen, die ihm zur Begründung seines Widerspruchs geeignet scheinen. Hierbei hat der Widerspruchsführer insbesondere die behaupteten älteren Rechte substantiiert nachzuweisen; das heißt die Existenz, Inhaberschaft und Gültigkeit dieser Rechte anhand der Vorlage von Beweismitteln und, innerhalb derselben Frist, der geeigneten Übersetzungen hiervon, zu belegen. Werden die Beweismittel, die das ältere Recht, auf das der Widerspruch gestützt wird, nicht substantiiert innerhalb der festgesetzten Frist eingereicht oder durch das HABM als unzureichend erachtet, weil sie beispielsweise nicht in der Verfahrenssprache übermittelt wurden, oder den sonstigen nach der GMV bzw. der GMDV aufgestellten Anforderungen (Anzahl der Kopien etc.) nicht entsprechen, wird der Widerspruch gemäß Regel 20 Abs. 1 GMDV ohne materielle Sachprüfung zurückgewiesen. Die Marke wird sodann endgültig eingetragen.

Die im Einzelfall erforderlichen Beweismittel[95] hängen sowohl von der Art des äl- **176** teren Rechtes, auf das sich der Widerspruch stützt, als auch von den angegebenen Widerspruchsgründen ab. Stützt sich der Widerspruch gemäß Art. 8 Abs. 1 GMV auf eine ältere eingetragene Marke oder Anmeldung, die keine Gemeinschaftsmarke darstellt, hat der Widerspruchsführer die Eintragungsurkunde als Beweismittel vorzulegen. Das Amt berücksichtigt ebenfalls alle gleichwertigen amtlichen Dokumente, die die Eintragung der Marke oder die Hinterlegung einer Anmeldung dokumentieren, wie zum Beispiel Auszüge aus Registern oder amtlichen Datenbanken und amtliche Veröffentlichungen.

Ist die Marke älter als zehn Jahre, so muss zudem der Nachweis erbracht werden, **177** dass die Marke über die Frist für den Widersprechenden zur Vervollständigung seines Widerspruchs hinaus verlängert wurde.

Stützt sich der Widerspruch auf eine notorisch bekannte Marke im Sinne von Art. 6 **178** der Pariser Verbandsübereinkunft (Art. 8 Abs. 2c GMV) hat der Widerspruchsführer insbesondere Angaben darüber zu tätigen, wie hoch der von der Marke gehaltene Marktanteil, die Intensität, geografische Ausdehnung und Dauer ihrer Benutzung, die Art der Absatzförderung (Werbung) wie beispielsweise die benutzten Medien, das erreichte Publikum, die Dauer usw. sowie die Aufwendung für die Absatzförderung darstellen.

---

95   Erhebt der Anmelder die „Nichtbenutzungseinrede" ist die Benutzung in jedem Fall nachzuweisen. Die Anforderungen an den Nachweis richten sich nach Regel 22 der GMDV.

179   Stützt sich der Widerspruch auf nicht eingetragene Marken oder sonstige im Verkehr benutzte Kennzeichen (Art. 8 Abs. 4 GMV), ist ein Nachweis des Erwerbes des betreffenden Rechtes an der Marke/dem Kennzeichen und ein Nachweis der tatsächlichen Benutzung dieser Marke/dieses Kennzeichens sowie darüber, dass diesem mehr als lediglich örtliche Bedeutung zukommt, vorzubringen. Darüber hinaus muss der Inhalt des nationalen Rechtes nachgewiesen werden, insbesondere bezüglich der Schutzvoraussetzung des betroffenen Rechtes sowie bezüglich des Umfanges der seinem Inhaber daraus erwachsenen Rechte. Soweit Kennzeichenrechte betroffen sind, die in dem betreffenden Gebiet durch Eintragungen entstehen (z.b. Firmenrechte), muss diese Eintragung durch Einreichung entsprechender amtlicher Urkunden belegt werden. Zusätzlich muss die Benutzung des Kennzeichens/der Marke im geschäftlichen Verkehr nachgewiesen werden.

180   Nachdem der Widersprechende seine Beweise vorgelegt hat, erhält der Gemeinschaftsmarkenanmelder seinerseits Gelegenheit, auf das Vorbringen des Widerspruchsführers zu erwidern.

181   Das kontradiktorische Verfahren endet, wenn das HABM den Parteien mitteilt, dass kein weiteres Vorbringen mehr zugelassen wird. Das bedeutet, dass die Akte entscheidungsreif ist und die Widerspruchsabteilung über den Widerspruch entscheiden kann. Wird der Widerspruch als zulässig angesehen, wird die Marke aus dem Gemeinschaftsmarkenregister gelöscht, wird er zurückgewiesen, wird die Marke endgültig eingetragen.

III. Internationale Erstreckung

182   Über das so genannte Madrider System der internationalen Registrierung von Marken wird dem Inhaber einer Marke erlaubt, Markenschutz in bis zu 84 Ländern[96] und der Europäischen Gemeinschaft durch eine einzige Anmeldung in einer Sprache mit einer einzelnen Gebühr zu erlangen und aufrecht zu erhalten. Das Madrider System beruht auf zwei vertraglichen Übereinkünften, dem Madrider Markenabkommen (MMA) sowie dem Protokoll zum Madrider Markenabkommen (PMMA). Diese werden über die Weltorganisation für geistiges Eigentum (WIPO) in Genf verwaltet. Der Antrag wird beim nationalen Markenamt des Anmelders gestellt und an die WIPO übermittelt. Dort erfolgt die internationale Registrierung der so genannten IR-Marke.

---

96   Die Liste der Mitgliedsstaaten finden Sie unter: http://www.wipo.int/export/sites/www/treaties/en/documents/pdf/madrid_marks.pdf.

Die WIPO benachrichtigt die Länder, für die der Markenschutz beantragt wird; **183** man spricht insoweit von der internationalen Erstreckung der Marke. Die Länder, auf die sich die Erstreckung beziehen soll, sind – auch wenn die WIPO bereits eine Prüfung der Schutzvoraussetzungen nach dem Madrider System vorgenommen hat – berechtigt eine eigene Prüfung der Schutzhindernisse gemäß ihrer nationalen Markengesetze vorzunehmen. In diesem Fall können die nationalen Markenämter innerhalb einer Frist von einem Jahr (unter dem PMMA im Einzelfall auch innerhalb von 18 Monaten) der Marke den Schutz in ihrem Gebiet versagen. Wird der Schutz gewährt, hat der IR-Markeninhaber die vollen Rechte eines nationalen Markeninhabers. Wird in einem der Länder die Marke zurückgewiesen, so bleibt der Markenschutz in den anderen gewählten Ländern bestehen.

Die Schutzdauer der IR-Marke beträgt nach dem MMA 20 Jahre, nach dem **184** PMMA 10 Jahre. Sie kann beliebig oft verlängert werden.

Für einen Antrag auf internationale Registrierung sind die von der WIPO heraus- **185** gegebenen Formblätter MM1,[97] MM2[98] oder MM3[99] zu verwenden. Dies gilt auch für alle weiteren Anträge an die WIPO zu international registrierten Marken. Die Formblätter sowie ergänzende Hinweise zum Ausfüllen derselben, können beim DPMA heruntergeladen werden.[100] Internationale Gesuche können dabei sowohl unter dem MMA als auch dem PMMA nur in englischer oder französischer Sprache eingereicht werden. Das Waren- und Dienstleistungsverzeichnis muss in der gewählten Sprache (englisch oder französisch) abgefasst sein.[101]

Grundsätzlich können auch (noch) nicht eingetragene Marken international er- **186** streckt werden. Falls der Antrag auf internationale Registrierung eine angemeldete, aber noch nicht eingetragene Marke zur Basis hat, kann der Antrag jedoch erst

---

97 Das Formblatt MM1 ist zu verwenden, wenn alle Vertragsparteien, in denen Sie Ihre Marke schützen wollen, dem MMA angehören.

98 Das Formblatt MM2 ist zu verwenden, wenn alle Vertragsparteien, in denen Ihre Marke geschützt werden soll, dem PMMA angehören (gleichgültig, ob diese Vertragsparteien auch dem MMA angehören).

99 Das Formblatt MM3 ist zu verwenden, wenn Sie den Schutz Ihrer Marke auf Vertragsparteien erstrecken möchten, von denen mindestens eine ausschließlich dem MMA und mindestens eine weitere benannte Vertragspartei dem PMMA angehört (gleichgültig, ob diese Vertragspartei auch dem MMA angehört).

100 http://www.dpma.de/marke/formulare/internationalemarkenregistrierung/index.html#a2.

101 Zum Vorgang im Einzelnen ist das Merkblatt über die internationale Registrierung nach dem Madrider Markenabkommen (MMA) und nach dem Protokoll zum Madrider Markenabkommen (PMMA) lesenswert. Dieses ist herunterladbar unter: http://www.dpma.de/docs/service/formulare/marke/m8940.pdf.

nach Bekanntwerden des Aktenzeichens der Basismarke beim Markenamt eingereicht werden, da ansonsten eine Bearbeitung des internationalen Gesuchs durch
das Amt nicht möglich ist.

187   Ebenso wie eine DE-Marke international erstreckt werden kann, besteht diese
Möglichkeit auch für die Gemeinschaftsmarke. Zuständig für die Erstreckung ist
in diesem Fall das HABM in Alicante.

§ 5 Anhang

A. Die Marke im Blick – Verhaltensweisen nach erfolgreicher Markeneintragung

Ist eine Marke einmal erfolgreich eingetragen, sollte die Akte zusammen mit der Urkunde nicht einfach abgeheftet werden, vielmehr ist dem Mandanten anzuraten, sein erworbenes Schutzrecht im „Blick" zu halten. **1**

Allein beim DPMA werden monatlich annähernd 6.000 Marken neu angemeldet, so dass die Wahrscheinlichkeit hoch erscheint, dass auch Marken zur Anmeldung gelangen, die der registrierten Marke identisch oder doch zumindest ähnlich sind. Um die mit der Marke einhergehenden Ausschließlichkeitsrechte bereits in dem Stadium der Anmeldung neuer Marken effektiv zu verfolgen, ist es wichtig, das Register permanent nach möglichen Kollisionsanmeldungen zu durchsuchen. Erinnert sei an dieser Stelle noch einmal daran, dass das DPMA ältere Rechte bei der Anmeldung gerade nicht von Amts wegen berücksichtigt! Wegen der doch recht kurzen Widerspruchsfrist, ist der Markeninhaber daher dazu gehalten, neue Markenanmeldungen entweder eigenständig zu überwachen oder dies – was sich anbietet – durch seinen Rechtsanwalt vornehmen zu lassen, der bereits die Markenanmeldung übernommen hat. Aus Sicht des Anwaltes ist dies eine gute Möglichkeit, mit dem Mandanten dauerhaft in Kontakt zu bleiben. **2**

Mit einer Markenüberwachung werden Neueintragungen und Neuanmeldungen von Marken in den betroffenen Markenregistern regelmäßig überwacht. Eine professionelle Markenüberwachung gibt dem Markeninhaber eine regelmäßige und klare Auskunft darüber, ob seine Rechte gewahrt oder verletzt werden. **3**

Die Überwachung bedeutet für den Markeninhaber die Sicherheit, auf identische oder ähnliche neu registrierte Marken hingewiesen zu werden. Ein rechtzeitiges Reagieren durch einen Widerspruch beim DPMA verhindert zudem hohe Prozesskosten, die in einem zivilgerichtlichen Markenverletzungsprozess anfallen (Streitwerte nicht selten über 50.000,00 €). Die Markenüberwachung ist hingegen kostengünstig durchzuführen, entsprechende Unternehmen, die sich darauf spezialisiert haben, den Markeninhaber oder auch seinen Rechtsanwalt bei dieser Aufgabe zu unterstützen, bieten ihre Dienstleistungen, je nach Umfang der beauftragten Über- **4** wachung und der Art der zu überwachenden Marke (DE-Marke, CTM oder IR-Marke) bereits für wenige hundert Euro im Jahr an.[1]

5   Zudem kann die permanente Markenüberwachung der Verwässerung der eingetragenen Marken vorbeugen.

6   Je nach Bedeutung und Stellenwert der Marke sollte zudem darüber nachgedacht werden, die Überwachung auch auf Handelsregister- oder Domainnamenanmeldungen zu erstrecken.

7   Neben der vorgenannten Überwachung von Marken und sonstigen Registrierungen ist es schließlich unerlässlich, auch das Verhalten der Wettbewerber im Markt zu beobachten, da nachgeahmte Kennzeichen oftmals nicht registriert werden.

B. Recherchemöglichkeiten

I. Wo finde ich Entscheidungen zum EU-Markenrecht öffentlich zugänglich?

8   Das HABM legt großen Wert auf Transparenz und hat deshalb bei der Einrichtung der Webseite mit großem Aufwand dafür gesorgt, dass dort nicht nur Informationen mit direktem Bezug auf die Eintragung von Gemeinschaftsmarken und Gemeinschaftsgeschmacksmustern verfügbar sind, sondern auch ergänzende Informationen zu Entwicklungen im Marken- und Geschmacksmusterrecht sowie die europäische Rechtsprechung. Hier[2] erhalten Sie Zugriff auf Datenbanken, die Informationen über:

- ■ Zurückgewiesene Marken
- ■ Widerspruchsentscheidungen
- ■ Nichtigkeitsentscheidungen
- ■ Entscheidungen der Beschwerdekammern
- ■ Urteile des Gerichts (EuG) und des Europäischen Gerichtshofs (EuGH)
- ■ Urteile der Gemeinschaftsmarkengerichte

enthalten.

---

1   Ein Unternehmen in diesem Sektor ist beispielsweise EuCor (http://www.eucor.com).
2   http://oami.europa.eu/ows/rw/pages/CTM/caseLaw/caseLaw.de.do.

II. Wo finde ich Entscheidungen zum deutschen Markenrecht öffentlich zugänglich?

Aktuelle Entscheidungen des BPatG werden im Internet frei zugänglich veröffent- **9**
licht.[3] Die Entscheidungen werden hier sehr schnell eingestellt, so dass die Datenbank in der Regel einen wesentlich aktuelleren Stand der Rechtsprechung vermittelt, als dies im Rahmen von Zeitschriftenveröffentlichungen der Fall ist. Ebenfalls im Internet können die sog. Eilunterrichtungen der Patentsenate in Markenbeschwerdesachen eingesehen werden, die hier veröffentlichten Entscheidungen sind zumeist mit amtlichen Leitsätzen versehen und erleichtern damit die Arbeit erheblich.[4]

Einen guten Überblick über die aktuellen Rechtsentwicklungen im Markenrecht **10**
bieten auch zahlreiche Kollegen an, die z.T. auch regelmäßige Newsletter anbieten.[5] Sehr zu empfehlen sind überdies das freie Internetprojekt „*OpenJur*"[6] sowie die Internetseiten der Zeitschrift „*JurPC*"[7] sowie das Portal „*Telemedicus*".[8]

C. Checkliste Markeneintragung

1. Was soll die Marke schützen **11**
a) Zielvorstellungen des Mandanten erarbeiten
   → Stichworte für die spätere Suche in der Nizza-Klassifikation zusammen mit
      dem Mandanten festlegen (§ 4 A. II. 1. + § 4 A. II. 2.)
      Stichworte: ...
b) Welche Funktion soll mit der Marke einhergehen?
   ■ Begleitende Marke (§ 2 A.)
   ■ Dachmarke (§ 2 B.)
   ■ Eventmarke (§ 2 C.)
   ■ Garantiemarke (§ 2 D.)

---

3 http://juris.bundespatentgericht.de/cgi-bin/rechtsprechung/list.py?Gericht=bpatg&Art=en.
4 http://www.bpatg.de/cms/index.php?option=com_content&view=article&id=46&Itemid=60.
5 So beispielsweise die Kanzlei des Verfassers unter: www.medi-ip.de/meldungen; siehe auch: den (nicht mehr ganz aktuellen) Markengesetzkommentar des Rechtsanwaltes *Hoeller* unter: http://markengkommentar.de/MarkenR-Kommentar.php; http://www.markenmagazin.de/; http://www.iprecht.de/Anwalt/Urteile_Entscheidungen/Markenrecht-Urteile/markenrechts-urteile.html; http://www.hertin.de/blog/; http://www.marken-recht.de/rspr/framerspr.html; http://www.internetrecht-rostock.de/Markenrecht-Urteile.htm.
6 http://openjur.de/.
7 http://www.jurpc.de/.
8 www.telemedicus.info/.

c) Welche Waren- und/oder Dienstleistungen soll die Marke kennzeichnen?
(§ 2 H. I., II. & § 4 A. II.)

2. Wer will die Marke schützen?

(§ 4 A. I.)

■ Natürliche Person: Namen + Anschrift ermitteln
■ Mehrere natürliche Personen (keine GbR): Namen + Anschrift aller Personen ermitteln
■ Juristische Person
■ Personenhandelsgesellschaft
■ Gesellschaft bürgerlichen Rechts: Name und Anschrift mind. eines vertretungs-berechtigten Gesellschafters erforderlich.

3. Wo möchte der Mandant mit seinem Produkt auf den Markt?

■ Nur in Deutschland, dann DE-Marke (§ 4 B. I.)
■ Auch im EU-Ausland, dann CTM (§ 4 B. II.)
■ EU/Deutschland + weitere Staaten, dann ggf. IR-Marke sinnvoll (§ 4 B. III.)

4. Wie soll die Marke aussehen?

■ Wortmarke (§ 3 B. IV. 2.)
■ Bildmarke (§ 3 B. IV. 3.)
■ Kombinationsmarke (§ 2 F.)
■ Farbmarke (§ 3 B. IV. 4. a.)
■ Hörmarke (§ 3 B. IV. 4. b.)
■ Geruchsmarke (§ 3 B. IV. 4. c.)
■ Dreidimensionale Marke (§ 3 B. IV. 4. d.)
■ Positionsmarke (§ 3 B. IV. 4. e)
■ Bewegungsmarke (§ 3 B. IV. 4. f.)
■ Tastmarke (§ 3 B. IV. 4. g.)
■ Hologramm (§ 3 B. IV. h.)

5. Ist die Marke grafisch darstellbar?

■ I.d.R. kein Problem bei Wort-, Bild-, Wort-/Bild- und Dreidimensionaler Marke
■ Kombinationsmarke (§ 2 F. + § 4 A. III.)
■ Farbmarke (§ 3 B. IV. 4. a. + § 4 A. III.)
■ Hörmarke (§ 3 B. IV. 4. b. + § 4 A. III.)
■ Geruchsmarke (§ 3 B. IV. 4. c. + § 4 A. III.)
■ Positionsmarke (§ 3 B. IV. 4. e. + § 4 A. III.)
■ Bewegungsmarke (§ 3 B. IV. 4. f. + § 4 A. III.)
■ Tastmarke (§ 3 B. IV. 4. g. + § 4 A. III.)
■ Hologramm (§ 3 B. IV. h. + § 4 A. III.)

6. **Festlegung der Waren- und Dienstleistungsbegriffe, Erstellung des Waren- und Dienstleistungsverzeichnisses (siehe § 2 H. 3. + § 4 A. II. 1., 2.)**

7. **Bestehen absolute Schutzhindernisse?**
- Fehlen jeglicher Unterscheidungskraft? (§ 4 A. IV. 1.)
- Ist die Marke beschreibend? (§ 4 A. IV. 2.)
- Handelt es sich bei der Marke um eine Gattungsbezeichnung? (§ 4 A. IV. 3.)
- Liegt eines dieser Schutzhindernisse vor, ist es vielleicht durch Verkehrsdurchsetzung überwunden worden? (§ A. IV. 9.)
- Begründet das Zeichen Täuschungsgefahr? (§ 4 A. IV. 4.)
- Verstößt das Zeichen gegen die öffentliche Ordnung oder die guten Sitten? (§ 4 A. IV. 5.)
- Handelt es sich um Hoheits-, Prüfzeichen oder Wappen? (§ 4 A. IV. 6.)
- Kann die Benutzung aus sonst. Gründen versagt werden? (§ 4 A. IV. 7.)
- Ist die Markenanmeldung evtl. als bösgläubig zu qualifizieren? (§ 4 A. IV. 8.)
- Woher hat der Mandant die Idee für seine Marke?
- Will er ggf. einem ausländischen Unternehmen zuvor kommen?

8. **Bestehen relative Schutzhindernisse?**
- Recherche nach möglichen Kollisionszeichen beim DPMA, HABM und der WIPO (§ 4 A. V. 4.)
- Recherche im Internet & ggf. in sonstigen Registern (bspw. Handelsregister) (§ 4 A. V. 4.)
- Bei Bildzeichen zusätzlich Recherche anhand der Wiener Klassifikation notwendig (§ 3 2. H. IV.)
- Identische Marke mit identischem Waren- und Dienstleistungsverzeichnis vorhanden im Register oder aufgrund von Benutzung? (§ 2 A. V. 1. & § 4 A. V. 1.)
- Gibt es verwechslungsfähige ältere Marken / sonstige Kennzeichen?
- Waren- oder Dienstleistungsidentität oder -ähnlichkeit? (§ 4 A. V. 2. a.)
- Markenidentität oder -ähnlichkeit? (§ 4 A. V. 2. b.)
- Besteht die Gefahr der Verwässerung einer bekannten älteren Marke? (§ 4 A. V. 3.)
- Existieren ältere Benutzungsmarken oder sonstige Kennzeichen?

9. **Antrag beim Amt?**
- Wurden alle Vor- und Zunamen sowie alle Adressen genannt?
- Haben Sie beachtet, dass das angemeldete Zeichen nach Überreichung der Anmeldung nicht mehr abgeändert werden kann?

- Anmeldungen, die eine F A R B I G E Markendarstellung enthalten, müssen bei Anmeldung vorab per Telefax unbedingt auch so gekennzeichnet sein, damit das Amt nicht fälschlich von einer schwarz-weißen Darstellung ausgeht (§ 3 IV. 3.).

- Ist der Anmeldung eine hinreichende Beschreibung der Marke beigefügt?

- Haben Sie die Waren und/oder Dienstleistungen, wofür die Marke geschützt werden soll mit Worten und unter Voranstellung der Klassennummer der Nizzaer Klassifikation angegeben?

- Soll die Markenanmeldung beschleunigt geprüft werden?

- Ist die Marke bereits vorher im Ausland angemeldet oder registriert worden?

- Hat der Anmelder unter der Marke bereits Waren oder Dienstleistungen auf einer Ausstellung innerhalb der letzten sechs Monate gezeigt?

- Wie sollen die Kosten beglichen werden?

- Einzugsermächtigung

- nur per Fax

- nur per Post

- Schreiben an Mandanten, dass Kosten angewiesen werden müssen

Anhang: Abbildungen

Abbildung zu § 2 Rn 23:

Abbildung zu § 2 Rn 24:

Abbildung zu § 3 Rn 37:

Bildmarke aufgrund besonderer Schreibweise   „klassische" Bildmarke

Wort-/Bildmarke

Abbildung zu § 3 Rn 60:

Voraussetzung der Eintragung dreidimensionaler Marken

1. Zeichenform

☐ produktunabhängig?   ☐ Produktabhängig?

2. Unterscheidungsfähigkeit

grds. Kein Problem

☐ Form ist ausschließlich zur Erreichung einer technischen Wirkung erforderlich (-)

☐ Form ist ausschließlich durch die Art der Ware selbst bedingt (-)

☐ Form verleiht der Ware ausschließlich einen wesentlichen Wert (-)

☐ Form ist „zwar nicht physisch, aber doch gedanklich von der Ware abstrahierbar" (+)

Abbildung zu § 4 Rn 135:

Über allen Wipfeln ist Ruh,
irgendwo blökt eine Kuh.
Muh!

Rainer Maria Milka

Stichwortverzeichnis

fette Zahlen = Paragrafen, magere Zahlen = Randnummern